NOS POÈTES

ET

LA PENSÉE DE LEUR TEMPS

DU MÊME AUTEUR

LIBRAIRIE FÉLIX ALCAN

Une éducation intellectuelle. 1 vol. in-18	2 fr. 50
La morale dans le drame. 3e édit. 1 vol. in-18 . .	2 fr. 50
Journal d'un philosophe. 1 vol. in-18	3 fr. 50
La psychologie du peintre. 1 vol. in-8o	5 fr. »
Mémoire et imagination (*Peintres, Poètes, Musiciens, Orateurs*). 3e édit. 1 vol. in-18. . . .	2 fr. 50
Les croyances de demain. 1 vol. in-18	2 fr. 50
Dix années de philosophie (1890-1900). 1 vol. in-18	2 fr. 50
Le sentiment religieux en France. 1 vol. in-18. .	2 fr. 50
Art et psychologie individuelle. 1 vol. in-18. . .	2 fr. 50
Réflexions et maximes. 1 vol. in-16.	2 fr. 50

LIBRAIRIE GIARD ET BRIÈRE

Génie individuel et contrainte sociale. 1 vol. in-18.	2 fr. »

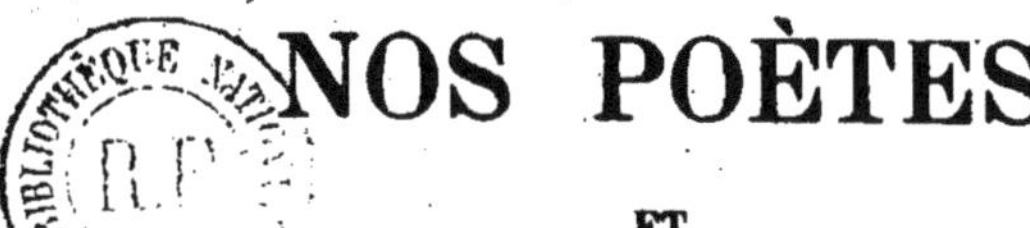

NOS POÈTES

ET

LA PENSÉE DE LEUR TEMPS

ROMANTIQUES, PARNASSIENS, SYMBOLISTES

DE BÉRANGER A SAMAIN

PAR

LUCIEN ARREAT

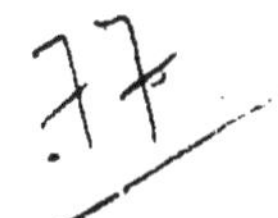

PARIS
LIBRAIRIE FÉLIX ALCAN
108, BOULEVARD SAINT-GERMAIN, 108

1920

AVANT-PROPOS

Des écrivains illustres ont étudié, aussi profondément qu'il se pouvait, les origines du romantisme. Nul de nos lecteurs n'ignore les résultats de leurs recherches, et nous n'avons point à les rappeler ici. Ce fut alors, on l'a dit, l'insurrection du sentiment contre la raison, de la rêverie contre la critique, et, tout à la fois, de la fantaisie contre l'expérience. On délaissait Voltaire et Montesquieu pour s'attacher à Rousseau. Il sembla que ce plébéien qu'était le « citoyen de Genève » satisfît à toutes les aspirations de l'heure présente par l'outrance de ses théories, par la fausse rigueur de son raisonnement, par la séduction de sa langue, qui prit plus d'empire des déclamations mêmes qui la gâtaient. Les âmes, « fatiguées du matérialisme » (1), s'enivraient de ce « pié-

(1) Cette expression est de Mme de Staël, et nous la retrouvons dans tous les romantiques.

tisme » et de cet appel à la « nature » qui sonnaient dans *la Nouvelle Héloïse*, dans *l'Emile* et le *Contrat social*.

Point d'écrivain, désormais, que le génie de Jean-Jacques n'ait touché. Mme de Staël, en dépit des liens qui la rattachent au passé, est fille de Rousseau, comme le sera George Sand. Chateaubriand, le vrai père du romantisme, suivra son exemple en rejetant ses sophismes : il emprunte le langage de la passion pour servir à la restauration religieuse ; il vise à persuader plutôt qu'à convaincre ; les solides esprits du XVIIe siècle auraient désavoué cette rhétorique chatoyante dont il appuya sa défense du Christianisme.

Mais nous n'avons pas à parler ici des poètes ni des prosateurs de la Révolution et de l'Empire. Notre modeste travail n'est point une histoire de la littérature au XIXe siècle, ni même un fragment de cette histoire. Tracer quelques portraits, recueillir quelques citations, établir certains rapprochements, suivre dans nos poètes la réponse des événements qui se produisaient dans le monde philosophique, c'est l'objet de cette ébauche. Encore l'attention des poètes se borne-t-elle d'ordinaire aux problèmes religieux, qui restent pour eux le dernier aboutissement de la philosophie, et nous ne les voyons guère s'engager à fond dans l'examen des doctrines.

Nous n'ignorons pas que tel d'entre eux a pu changer avec les années, tel autre composer son attitude ou se démentir. Le mieux est pourtant de les prendre comme ils se donnent. Cela seulement qu'ils ont dit dans leurs ouvrages existe vraiment et dure. Le personnage que chacun a choisi d'être est celui-là seul qui nous importe et que nous pouvons tenir aussi pour le plus sincère. Tout intéressantes que sont les curiosités de l'anecdote ou les investigations de la critique, elles ne sauraient, du point de vue où nous sommes, nous offrir un fond sur quoi bâtir.

De pareilles enquêtes, poussées plus avant, fourniraient à une future histoire des idées des documents précieux. Déjà nous aurions à relever ici — et nous trouverons l'occasion de le redire — la répétition, sous d'autres formes, du même mouvement qui rejéta les âmes, voilà cent ans passés, du matérialisme de la science à la métaphysique du sentiment. Les deux moments, par ailleurs, apparaissent dissemblables. Les oscillations de la pensée humaine ne sont pas les oscillations mortes du pendule. Si l'histoire se répète en quelque manière, ni les temps ni les doctrines ne se ressemblent (1).

(1) Les années nous sont trop mesurées pour nous laisser l'ambition d'étendre cette enquête aux différents âges des grandes littératures. Nous l'avons fait en partie en un précédent ouvrage, *La morale dans le drame, l'épopée et le roman*. La nouvelle étude que nous concevons aiderait singulièrement, pensons-nous, à la connaissance des sociétés et à l'intelligence même des philosophies.

NOS POÈTES ET LA PENSÉE DE LEUR TEMPS

PREMIÈRE PARTIE

ESQUISSES PARTICULIÈRES

BÉRANGER

Je viens de relire les *Chansons* de Béranger. Je ne sais guère de lecture qui montre mieux la vanité de la gloire, le mensonge de la politique, l'instabilité, d'autres diront le néant des choses humaines.

Que reste-t-il dans notre mémoire de ces chansons qui couraient jadis sur toutes les lèvres ! Combien sonne faux ce culte de la « liberté » que le poète incarnait dans la Révolution ! Comme son déisme nous paraît stérile et froid ! Et quels doutes, sur le tard, vinrent l'assaillir et le troubler !

C'est un affligeant spectacle que nous offre ce poète sorti du peuple, ce pur Français qui conserve les qualités de sa race, qui veut sa patrie plus glorieuse, et qui méconnaît à la fois les principes dont elle a vécu, qui renie le passé qui la fit grande. Il a cédé à l'enivrement d'un jour ; il a estimé le gain et n'a pas évalué la perte ; le bruit des événements a étourdi sa raison ; son oreille n'a pas entendu que le ressort de la machine politique avait cassé.

Son jugement reste court ; il n'est pas préparé à voir de bien loin ni de bien haut. Telle est pourtant la solidité de son bon sens qu'il échappe en quelque manière à la démence commune. Tout séduit qu'il était aux illusions de son temps, il fut de ceux à qui leur passion n'enleva pas toute clairvoyance. Ce culte qu'il voue à l'empereur, c'est un besoin d'autorité fortement senti qui l'inspire, et ce culte même est la négation d'erreurs qu'il tient pour des vérités. La violence et le crime répugnent à sa bonté naturelle. Son âme religieuse s'alarme de l'impiété qui souffle sur le monde ; son humeur facile s'inquiète du pessimisme dont la vague monte autour de lui. La révolution de 1848 le surprend, enfin, et l'effraye :

on dirait qu'il pressent les maux qu'elle recèle, qu'il a compris le danger de ces déchirures violentes dans la vie d'un peuple, que l'expérience a arraché brusquement les voiles dont sa fiction s'était parée.

Ce qui demeure vivant de son œuvre, c'est quelques pièces légères où l'émotion s'allie au badinage ou à l'ironie. Ainsi *Le Roi d'Yvetot*, *Mon Vieil Habit*, *La Bouquetière et le Croque-Mort*, *Maudit Printemps*, *La Vieille Maîtresse*, *Le Vieux Caporal*. Si les *Souvenirs du peuple* restent un chef-d'œuvre, la raison en est que le poète n'y parle que du « héros » : point de nom qui soit prononcé ; *il*, *lui*, prêtent à ses strophes une couleur de légende ; les traits particuliers n'importent point ; c'est la figure d'une épopée dans l'âme populaire.

Le triomphe de l'école romantique devait bientôt réduire au silence le modeste chansonnier. Ce ne fut d'abord que les *Méditations* de Lamartine, les *Poèmes* de Vigny, les *Odes et Ballades* de Hugo ; mais ce retour à l'idéalisme chrétien, ces accents de vieille chevalerie, cette mélancolie pénétrante, cette inspiration plus large, ce lyrisme, qui tranchaient tellement avec l'esprit libertin du

XVIIIe siècle et rejoignaient le lointain passé par-dessus la barbarie révolutionnaire et le despotisme impérial, cette poussée d'ardente poésie qui emportait dans son mouvement les lettres, les arts, l'érudition et l'histoire, ne laissaient plus de place à la chanson comme il l'avait faite. Que pesaient ses couplets napoléoniens auprès des fanfares de l'ode *A la Colonne* et du *Napoléon II*, auprès des imprécations virulentes des *Iambes !* Le poète avisé se tut. Sa faible voix n'aurait pu s'entendre au milieu de ces sonneries de cuivre, de ces excès de grandiloquence, de ces évocations de prophète dont le pontife qui menait le chœur allait enivrer le monde sans se lasser. Pouvait-il mieux faire que de s'effacer devant ces victorieux qui apportaient de nouveaux sentiments, de nouvelles curiosités, de nouvelles formes, et remontaient vers des âges qui lui semblaient abolis ? Il ne comprit guère, nous le pouvons croire, leur sensibilité outrée, leurs naïfs blasphèmes et leurs souffrances de tête ; il lui parut, sans doute, qu'ils faisaient une trop furieuse dépense d'étoiles et de clairs de lune, de lacs et de sapins, de ruines et de fantômes ; qu'ils remuaient trop de boucliers magiques et d'épées de Tolède ; qu'ils étaient leurs propres héros et se complaisaient à se retrouver eux-mêmes dans le miroir de leur imagination. Il demeurait, néanmoins, leur frère de race et de culture ; frère aîné, si l'on veut, et très distant ; il admirait leur talent ; il s'étonnait de leur virtuosité ; il gardait enfin avec eux ces deux liens d'étroite parenté, que nous appellerions volontiers la *piété française* et la *confiance en Dieu*.

Oui, c'est là le thème qui leur est commun à tous, la foi qui circule à travers toute cette poésie, de Béranger au dernier des romantiques, et qui colore d'une teinte générale leurs doutes et leurs révoltes, aussi bien que leurs songeries les plus chimériques.

Ces temps sont déjà bien loin de nous. La philosophie qui imprégna l'âme de ces poètes ne l'est guère moins. C'était, dans l'ensemble, un spiritualisme qui se détachait de toute religion particulière, mais qui gardait une tendance religieuse ; ce n'était pas encore le positivisme d'allure scientifique qui devait lui succéder. Il paraissait que la philosophie pût vivre de dialectique pure, et cette dialectique côtoyait parfois, de très près, la théologie. Si l'on répudiait les négations intransigeantes des encyclopédistes, on avait perdu leur confiance vite satisfaite ; si l'on n'affichait plus avec éclat leur hostilité envers l'Eglise, on revendiquait non moins fermement son indépendance. Bref, c'était un milieu de pensée indécise et trouble, timide et hardie tout à la fois, dont les poètes rendirent les traits les plus saillants : leur passion traduisait pour le sentiment ce que la réflexion des philosophes exprimait pour la raison.

Cette situation contribua, on ne le conteste point, à prêter au romantisme sa figure originale. N'oublions pas, par ailleurs, que le romantisme fut encore, qu'il fut d'abord invention de rythmes, développement de formes, rattachement à la poésie du XVIe siècle. Si le climat social a une importance extrême, la vie même de l'art a ses conditions propres, et le génie particulier des individus y reste la grande force sans laquelle cette vie ne serait plus.

LAMARTINE. — VICTOR HUGO
ALFRED DE MUSSET. — THÉOPHILE GAUTIER

I

Lamartine, Hugo, Musset, Gautier : quatre tempéraments de poète, quatre états de pensée, quatre modes poétiques différents, sous le masque d'une ressemblance et malgré le voisinage des temps.

Lamartine appartient à une famille royaliste et catholique. L'empreinte de sa première éducation ne s'effacera jamais entièrement. Dans cette période troublée de notre histoire, deux partis politiques dominaient : l'impérialisme, une forme de la monarchie que Lamartine repousse en vertu de ses aspirations de poète autant que de ses idées reçues; la démocratie, qu'il ne repousse pas avec moins de force, mais à laquelle il se rattachera dans la suite, à défaut de la monarchie légitime, parce que, sous ce symbole trompeur, il lui est loisible d'imaginer des réalités qui le séduisent.

Dans le domaine de la pensée, des tendances non moins contraires se partagent les hommes de ce temps : ici, le groupe des spiritualistes, chrétiens ou indépendants ; là, celui des matérialistes de toutes nuances, qu'ils soient de simples savants ou des philosophes attitrés. Je ne note pas les groupements secondaires, qui font en somme que l'influence de la collectivité se répartit en des centres d'attraction assez divers pour laisser au choix de l'individu une large marge.

Que Lamartine soit demeuré catholique, je n'y veux pas contredire, quelques licences qu'il prît avec la foi. Sa sincérité, sur ce point, laisse quelque doute ; peut-être encore ne fut-il pas constamment d'accord avec soi-même. Son accent, du moins, est assurément celui d'un homme religieux, la philosophie où il se tient est le spiritualisme chrétien, et ce n'est pas chose indifférente que la constance de son attitude, ne fût-elle pas le résultat d'une conviction bien affermie.

Toujours significative est cette volonté de paraître un personnage plutôt qu'un autre. Chez

Lamartine, elle décèle une poussée secrète, non pas un vil intérêt. Son tempérament l'incline à la religion : elle satisfait son sentiment, sinon sa raison ; le Catholicisme l'enveloppe de sa poésie, et nul mieux que lui n'en a su traduire l'accent et accuser la note dominante, le pouvoir de la croyance sur les âmes aux heures douloureuses de la vie.

Je ne sais pas de pièce philosophique où la langue reste si franchement, si entièrement poétique, que la pièce dédiée à lord Byron, *L'Homme*. Je ne sais pas de page plus émouvante que *Le Crucifix* (1).

Homme d'imagination et de bon sens, à la fois sentimental et pratique, Lamartine eut les témérités de l'action sans venir à la violence des actes. Des rêveries humanitaires, il n'a retenu que ce qui convenait à ses sympathies de « grand humain » ; des philosophies affranchies du dogme

(1) Que l'on en détache les trois strophes : « Tu sais, tu sais mourir... » Là est le secret de la puissance sur le sentiment des hommes de cette doctrine du Dieu fait chair, étrange pour leur raison ; là s'exprime cette approche du Dieu absolu par l'entremise du Crucifié, cette médiation par la souffrance et les larmes, qui est le trait saillant de la « rédemption ».

religieux, ce qui flattait son instinct de liberté. Pressé de tous côtés par la vie de son siècle, il s'est opéré en lui un continuel travail d'assimilation et d'élimination, l'homme qu'il a été s'est formé et transformé, construit et détruit, sans qu'en fût atteint le quelque chose qui était vraiment son *moi* profond.

Entendons par là ce composé original d'éléments divers, cette parcelle de ferment, si l'on préfère, qui fera lever toute la pâte, ce petit rien qui fait de tout individu pris dans la masse la partie vive de l'agrégat social et qui fit de Lamartine lui-même le poète et l'homme politique que l'on sait.

Mais ne fut-il pas toujours poète ? Voyageur ou tribun, historien, critique littéraire ou narrateur, il montre mêmes qualités et mêmes défauts ; son souple génie s'emploie à tous ces rôles, et il les remplit sans y être inférieur, ni, surtout, jamais ridicule. D'autres poètes le furent quelquefois.

Que ce soit dans l'écriture ou dans la parole, Lamartine reste semblable à lui-même. Son discours a les envolées de la poésie, sa poésie a l'aisance du discours. Il ne s'attache pas tant à faire voir qu'à faire sentir. Il s'intéresse surtout, dans les choses, aux caractères qui font que l'objet participe de notre vie, en quelque manière, sans cesser pourtant d'être vu, bien vu comme extérieur à nous. Sa phrase large, ses strophes copieuses, lâches parfois, mais évocatrices par leur musique, entraînent, bercent ou caressent ; elles portent l'idée au cerveau par la voie de la sensibilité.

Point de recherche particulière, excessive, du mot coloré, de l'épithète, sinon dans son rapport avec le sentiment à éveiller. Nuls artifices ingénieux dans les coupes, les rimes, les tours de phrase. La facilité de son génie se révèle par l'ampleur aisée des périodes ; il préfère les cadences régulières, les rythmes connus et faciles à entendre. Ses ellipses, souvent hardies, restent claires, et ses péchés contre la syntaxe troublent à peine la limpidité de sa langue. Ses pensées s'enchaînent d'une façon naturelle. Ni sa logique ne s'égare aux longs détours de son imagination, ni ses émotions ne se jouent de sa raison quand elles paraissent la conduire. L'expression, chez lui, n'arrive jamais à l'outrance ; l'indignation ne tourne pas à l'injure (1), ni la rêverie à la chimère.

(1) « Cinq mille vers de haine », c'est trop, disait-il en parlant des *Châtiments*.

Le choix même de ses sujets est en accord avec sa nature. Seul il pouvait concevoir et écrire *Jocelyn*. Il ne voulut être poète qu'à ses heures, et le seul besoin le fit ouvrier de lettres. La poésie, hélas ! se fane vite : et cependant, parmi tant de faibles productions où se trahissent les redites de sa plume, il est de rares et maîtresses pièces dont le parfum ou l'éclat ne s'est pas évanoui.

II

Si l'on ne veut pas que Victor Hugo ait été le plus grand poète du XIXe siècle, on ne contestera point qu'il en a été le plus copieux. Ce qui frappe d'abord dans son œuvre, c'est une dépense de mots extraordinaire. Ce qui frappe dans sa vie, ce sont ses variations. Quelques-unes tiennent, il est vrai, à sa première éducation, à ses impressions d'enfance et de jeunesse. On ne s'étonne pas trop que les strophes *A la Colonne* et à *Napoléon II* aient suivi de si près *Les Funérailles de Louis XVIII* et *Le Sacre de Charles X*. Peut-être même, si la royauté des Bourbons eut survécu à l'orage, le poète des *Odes* eut-il cédé à la magie de l'épopée impériale : il y avait accord entre son genre d'imagination et ce thème éclatant dont l'oreille des hommes était pleine encore. Plus tard, il est à croire qu'il se laissa conduire à la recherche de la popularité ; des blessures faites à son orgueil expliquent certaines violences de langage, et l' « écho sonore » qu'il se vantait d'être rendit des sons qu'on eut, pour sa gloire, préféré ne pas entendre.

Dans l'ambition de Lamartine à jouer un rôle politique entraient certainement des réminiscences de l'antiquité classique. Cette ambition trouvait des modèles dans Démosthène, dans Cicéron ; plus près de lui, dans Chateaubriand. Nul doute que l'exemple de Chateaubriand n'exerça pareillement son empire sur Hugo ; plus encore, peut-être, l'exemple de Lamartine lui-même, après les journées de 1848. Moins homme d'action que ce dernier, avec moins de spontanéité et de souplesse, Hugo, mal à l'aise à la Chambre des Pairs, rêvait de triomphes plus retentissants, et il s'abaissa parfois au rôle d'un démagogue imprudent que Lamartine eut dédaigné d'être (1).

Sa philosophie est celle de son milieu : elle se

(1) Même, pensons-nous, dans son *Histoire des Girondins*, tant incriminée jadis.

résume dans le déisme du XVIIIe siècle et dans la foi en l'immortalité de l'âme, habillés de phraséologie romantique. Si la croyance en Dieu séduisait le logicien « absolu » qui se découvre sous les métaphores et les sentences dubitatives dont sa pensée s'enveloppait, la croyance en l'immortalité flattait son orgueil. Le génie est le créancier de Dieu : l'âme du poète ne devait pas plus périr que son œuvre ne devait passer.

Le Dieu de Hugo, sous les formes changeantes qu'il lui prête, reste « providence ». Cette providence se diversifie à ses yeux étrangement : elle passe dans les choses comme dans les bêtes ; elle devient un hasard qui voit, un destin qui se fait secourable. Ce qui nous semble instinct ou conscience n'est, pour le poète, que le point d'action du divin, le multiple visible de l'un insaisissable. L'être et la vie arriveront à lui paraître des « spectres », et sa pensée se laissera flotter à la fin sur les vagues d'une obscure métaphysique.

Cette sorte de panthéisme où il vient n'est pourtant que le spectacle qu'il se donne ; le spiritualisme demeure sa croyance. La cause première qu'il entend est transcendante plutôt qu'immanente. De même son *moi* reste une entité spéciale, impérissable. Le spinozisme, qui occupa longuement les méditations de Goethe, ne convenait point à sa nature. Il se peut qu'il ait côtoyé certains rivages sans y aborder jamais. Sa personnalité absorbait les doctrines, en quelque façon, plutôt que son esprit ne les pénétrait. Dans le cours si riche de son développement littéraire, la philosophie du poète, peut-on dire, ne s'est pas renouvelée positivement. Son sentiment a gouverné ses inductions. Le souffle puissant de la science a pu émouvoir ou troubler sa forte imagination sans engager son intelligence.

Hugo obéit, en somme, plus qu'il n'a semblé, à l'inspiration chrétienne (1), et les couleurs de sa philosophie religieuse ne s'accordent pas toujours à celles de son drapeau. Larges aspirations vers un état social meilleur, pitié profonde pour les déshérités, ces deux cordes, bien qu'il les ait souvent trop tendues, ne sonnent pas faux, d'ordinaire, dans son œuvre, et nous n'avons pas le droit de suspecter, sur ce point, sa sincérité.

Ces effusions de pitié entrent d'ailleurs dans le

(1) Renouvier avait très bien montré cela dans ses articles de *La critique philosophique*. Voy. notre *Morale dans le drame*, chap. IV.

ton habituel de nos écrivains, poètes et romanciers, vers le milieu du XIXe siècle. C'est un des traits de la physionomie de Hugo qui appartiennent au moment où il vécut, et sa nature individuelle ne se pourrait révéler que par d'autres éléments du caractère. Plus de vigueur et de rusticité que de finesse et d'élégance, moins de qualités affectives que d'excitabilité des sens, plus de ténacité que de fougue, et d'imagination réflexive que d'impulsions soudaines, suffisent peut-être à nous faire comprendre Hugo si distinct de Lamartine. Leur génie s'exprime diversement ; leur personnalité n'offre pas les mêmes aspects. L'éducation, enfin, compose avec le tempérament, c'est-à-dire avec des modes particuliers de sentir, de percevoir, et, par là, de réagir et de raisonner.

Hugo *voyait-il* réellement mieux que Lamartine ? Je n'en déciderai pas. J'ai noté ailleurs (1) la banalité de ses adjectifs ; ses épithètes relatives à la vue et aux divers sens ne sont ni aussi riches ni aussi variées qu'on le supposerait d'abord. Mais il les prodigue ; il les emploie pour faire sonner son vers, parfois encore comme remplis-

(1) *Mémoire et Imagination*, ch. II.

sage, ou pour les besoins de la rime. Il n'a de vraiment original que ses figures ; il arrive qu'elles sont étranges ou forcées ; elles sont le plus souvent curieuses ou saisissantes (1). Celles de Lamartine, moins éclatantes, sont plus naturelles, mieux en rapport avec le sujet traité.

Dans Lamartine, l'enchaînement des idées commande celui des strophes, et les idées elles-mêmes se suivent avec assez de rigueur. Dans Hugo, la pensée rebondit souvent sur le mot, et le développement en reste à la merci d'une métaphore (2). Il semblerait que Lamartine, jusqu'en son désordre, fut un esprit plus mesuré, moins abandonné aux hasards du verbe. Par là, il demeure plus classique, en dépit des négligences de sa syntaxe ; Hugo, plus romantique, malgré la sévérité de sa grammaire.

Epique et lyrique, Hugo l'est même dans son

(1) « Des avalanches d'or s'écroulaient dans l'azur ».
Un de ces vers splendides dont abonde la poésie de Hugo.

(2) Ch. Renouvier et Léopold Mabilleau ont noté fort exactement ce genre d'automatisme dans leur étude sur Victor Hugo. Ses opinions mêmes, écrit Renouvier, étaient gouvernées par son imagination et conformes à sa manière d'imaginer. Sa philosophie ne s'approvisionnait pas d'autres images que sa poésie.

théâtre et dans son roman. Mais son lyrisme s'y accompagne volontiers d'une prédication raisonnante, par où son œuvre a vieilli et nous fatigue. On dirait qu'il a voulu reprendre tous les genres traités par ses rivaux d'autrefois et d'aujourd'hui. Son *Quatre-vingt treize* est une manière d'*Histoire des Girondins*, où il s'égare à prêter figure de légende aux sanglants héros de la Révolution. Le tribun excessif qu'il devenait fait tort au poète. La lourde fumée de l'encens qu'on lui a brûlé retombe déjà en épais nuage sur sa gloire.

III

Musset appartient à la famille de Lamartine plutôt qu'à celle de Hugo. Différent surtout de ce dernier, il n'a point prétendu à être le *vates* antique ; il a voulu rester le poète de l'amour.

Des influences de la famille il semble n'avoir retenu qu'une distinction native, avec un fonds de vertus domestiques dont certaines qualités de ses œuvres portent témoignage. Mais il ne vint pas à la poésie, comme Lamartine, après les dérèglements de sa jeunesse, sous la garde d'une tradition et d'une foi religieuse, avec le regret d'un chaste amour dans le cœur. Comment s'étonner qu'il débutât sous la figure d'un impertinent et élégant libertin ? La période romantique est ouverte : le génie nouveau sonne sa poétique et ses paradoxes à tous les vents. Ne demandons pas à Musset d'échapper déjà à cette influence du milieu, aux entraînements de cette jeunesse de 1830, avide de jouissances d'art, d'émotions aiguës, d'impiété facile, en même temps qu'éprise de rêves et tourmentée de mysticisme.

Voici, cependant, que ce poète, le plus émotif qui soit, le plus entraînable, le plus jeune, « un adolescent, nous dit-il, à peine un homme », ne tardera pas d'être averti par son bon sens naturel et de se garder contre les extravagances des écoles, qu'elles s'appellent le romantisme ou le socialisme humanitaire. Il n'est certes pas un lutteur vigoureux, un agressif ; il n'a pas la grande imagination et les larges élans d'un Lamartine, ni la force de production et l'effort soutenu d'un Hugo. Mais ce faible qui semble le jouet de ses caprices possède un jugement sain ; ce poète qui affectera de ne chanter que Ninette ou Ninon a des yeux ouverts sur la vie et des clartés qui ne le trompent point.

Ses pages de critique, sans parler de maintes poésies, nous montrent assez son indépendance d'esprit et sa bonne santé littéraire. N'exigeons pas de lui que sa philosophie soit bien savante, ni qu'il ait donné ses soins à l'approfondir. La philosophie ne l'intéresse que par rapport à la croyance, et il en mesure la valeur aux solutions qu'elle lui offre sur les problèmes de la foi dont il a l'angoisse.

Sa religion ? Le seul point ferme en est toujours le déisme et le spiritualisme vagues de son temps : il s'y rattache de toutes ses forces ; il abuse même un peu, dans ses vers, de l' « âme immortelle ». Mais le sec et froid déisme des philosophes, leur « inutile Dieu qui ne veut pas d'autels », ne saurait satisfaire sa nature inquiète, toute pénétrée de la tradition catholique ; l'indifférence ne lui est pas un refuge possible, son doute a soif d'affirmations, ses révoltes s'achèvent dans la prière (1), et c'est le regret de la foi perdue qui le tourne contre Voltaire, lui, le fils direct

Si le ciel est désert, nous n'offensons personne ;
Si quelqu'un nous entend, qu'il nous prenne en pitié !
(*L'Espoir en Dieu*)

de Régnier et de Molière, de Diderot et de Voltaire lui-même (1).

Nulle affectation, du reste, ni dans ses négations, ni dans ses appels vers le Ciel; il ne prend pas une attitude; il demeure sincère avec soi-même ; il traduit son émotion du moment. Il n'a pas la volonté de paraître un croyant ou un blasphémateur, le souci de tenir un rôle; et cela, justement, est sa marque propre. Ses réactions sont celles de son tempérament, le plus directement qu'il est possible.

On a vanté, avec raison, la limpidité de sa prose; il est écrivain de race, et son écriture est franche comme sa pensée. La langue même de ses poésies n'a guère perdu de sa fraîcheur, quoique trop chargée d'apostrophes et assez faible par endroits. A l'exemple de Lamartine, il conserve volontiers les coupes classiques; si habile artiste qu'il soit quand il le veut être, il dédaigne

(1) Ch. de Mazade avait découvert dans une page de *La Nouvelle Héloïse* le germe du *Lac* de Lamartine. Joseph Fabre (*Les Pères de la Révolution*, p. 444) découvre dans les belles strophes du *Souvenir* de Musset, « — Oui, les premiers baisers, oui, les premiers serments... » la transcription évidente d'un passage de Diderot.

pourtant la rime et prend rarement souci de la nouveauté des rythmes. Il lui arrive ainsi d'être négligé ou trop facile, et cela presque de parti pris.

Voisin de Lamartine en ceci encore, la poésie reste pour lui la langue du sentiment. Il ne la cultive pas pour le mot seul. Il lui suffit qu'elle soit claire et chantante. Peu de termes rares dans son vocabulaire ; de la justesse plutôt que de la richesse. Ses qualificatifs se rapportent, presque toujours, à un état affectif. Peut-être serait-il un auditif plutôt qu'un visuel. Hormis quelques morceaux, d'ailleurs, il ne s'arrête pas à décrire, à évoquer des tableaux pour les yeux. Il semble même que les pays qu'il a visités n'aient laissé en son âme d'autre trace que le souvenir de ses joies ou de ses tristesses ; il les revoit à travers ses émotions passées, au contraire de Théophile Gautier, qu'on disait s'intéresser aux monuments et aux paysages sans même y chercher les hommes.

Encore un trait curieux de ce poète que l'on pourrait croire uniquement subjectif : il a le sens du théâtre ; il sait mettre des personnages en scène. Et quelle vérité d'accent dans le cadre poétique où il les place ! Nul ne fut plus shakspearien en restant de l'école de Molière ; j'oserais dire qu'il restera le vrai classique de la scène du dix-neuvième siècle.

Certes, ses jeunes héros, le Valentin, le Perdican, le Fantasio, empruntent beaucoup de lui-même. Mais ses autres figures n'ont pas moins de réalité. Et de quelle touche délicate il a su peindre les jeunes filles ! Il possède la grâce qu'il y faut, cette ancienne grâce française qui manque à la riche palette de Hugo. Si finement que le peintre de la sœur Simplice ait caressé quelques portraits, il n'a guère su parler de la jeune fille, comme l'ont fait Musset et Lamartine, avec un charme discret. Ne le dirions-nous pas aussi de Dumas le père ? Ces rapprochements sont instructifs.

L'enfant est absent des poésies de Musset, comme il fut absent de son foyer. Mais ce n'est point qu'il n'ait pas, selon ses propres paroles, « toujours aimé cet âge à la folie » et senti le prix de l'intimité et de l'innocence. Au fond de son cœur dort une eau pure que le souffle du vice n'a jamais troublée.

Cette eau pure, elle est un des éléments premiers de ce composé qui est son *moi*. Après que nous l'aurions dépouillé de ses diverses enveloppes et dégagé des influences extérieures, nous retrouverions ce même tempérament de poète que l'on découvre toujours, mais avec des nerfs plus fragiles, un équilibre physiologique plus instable et une vigueur diminuée. Faut-il rien d'autre que l'altération d'une note pour changer le mode d'un thème tout entier ?

IV

Théophile Gautier fait modeste figure dans ce groupe. Mais combien il est original et intéressant ! Il se classe à la suite de Hugo, plus éloigné de Musset et de Lamartine : mais qu'il ressemble peu à Hugo lui-même !

Il n'est point de poète dont il semble plus inutile de se demander de quel milieu il sort, à quelle famille, à quelle tradition il appartient. Il est ce qu'il est, simplement, absolument ; l'homme d'un tempérament défini, une très franche nature, sur qui les influences du dehors ont eu le moins de prise, à part celle de l'école poétique à laquelle son âge le rattache.

Déiste, croyant, cela ne fait guère question avec Gautier ; monarchiste ou républicain, bien moins encore. Il prend le monde comme il le trouve ; il s'en accommode le moins mal qu'il peut et ne prétend aucunement à le réformer, ni peut-être à le comprendre, parce qu'il s'en sépare volontiers. A vrai dire, son habitat n'est nulle part ; il a la nostalgie des pays qu'il ne connaît pas, qui n'existent pas ailleurs que dans son imagination de poète. Ces pays, il les situe d'ordinaire en Orient, il les imagine dans un passé évanoui ou dans un présent fantastique, en quelque lieu où l'indolence soit permise, où il y ait du soleil, des biens matériels faciles, des créatures de luxe et de plaisir, de belles architectures, des fruits parfumés, des eaux fraîches sous un ciel bleu, des vols de colombes dans un air tiède et transparent.

Il est profondément artiste, et le veut rester. Ne dites pas qu'il n'aime personne, car il est bon et dévoué ; qu'il se plaît aux joies grossières, car il est un délicat ; qu'il fut indifférent à sa patrie, car il retrouva pour elle le cri d'un fils aux heures d'épreuve ; qu'il est un vulgaire matérialiste, car il a le sentiment subtil des affinités mystérieuses qui unissent les êtres et les choses. Ne dites pas non plus de ce poète qu'il ne pense pas : il a tout de même sa philosophie à lui, qu'il n'a pas besoin de vous expliquer, mais qu'il prouve en la vivant, et qui n'est pas la moins sage des philosophies.

Cet impassible est un sensitif, et, s'il veut être de marbre, son contact ne glace pas. Ce masque tranquille qu'il se donne, cette volonté de n'apparaître qu'en belle forme et couleur, c'est l'expression de sa nature d'Oriental perdu dans nos brumes, d'homme antique partout dépaysé. Son rêve le porte vers tous les âges disparus, au Parthénon comme à Saint-Marc ou à l'Alhambra. Egyptien ou Grec, Sarrazin ou Chrétien, il ne lui importe guère.

Il est romantique, mais par le côté qui le séduit. Ce qu'il admire dans le Maître, c'est la fécondité, la rime riche, l'image éclatante. Il ne s'estime pas son égal, mais il garde sa note personnelle et sa propre poétique, en restant de son école. Son vers est solide, sa rime est pleine. Dans un petit cadre, il sait construire le tableau. Il emploie le mot juste, et son expression satisfait encore, quand elle est un peu cherchée ou qu'elle surprend d'abord. Ses adjectifs sont autrement riches et précis que ceux de Hugo ; ils sont d'un peintre qui voit autre chose que le contraste brutal du noir et du blanc, de l'ombre et de la lumière ; il perçoit les nuances, il a des comparaisons imprévues, originales. Dans ses pages de vers ou de prose, point d'enfilade de ces noms ou de ces mots rares et inusités qu'on dirait pillés au petit bonheur aux pages d'un dictionnaire ; il cherche l'image ou l'épithète qui conviennent à l'objet.

S'il ne s'intéresse pas à la figure humaine à la façon d'un romancier ou d'un vrai poète de la scène, il a su pourtant faire mouvoir des personnages. Ses ballets ne sont pas des œuvres négligeables ; ils répondent à merveille à sa manière. Il présente encore ce trait curieux du songeur oriental — et du peintre de paysages — que les figures qu'il y introduit ne font souvent qu'une tache de couleur, un accent dans son tableau, dans la symphonie qui chante aux yeux. Il arrive qu'il nous donne ainsi l'impression d'une sorte de panpsychisme, où la vie passe et s'échange pour durer, où d'incessantes métamorphoses s'accomplissent dans le creuset dont le Dieu qu'il ne connaît pas serait l'alchimiste (1).

(1) Villemain notait fort justement, voici bientôt un siècle, d'étroits rapports entre les *Méditations* de Lamartine et l'ancienne poésie platonicienne et religieuse des Pères de l'Église grecque *. Le Victor Hugo des *Feuilles d'automne* garde encore quelques traits de cette poésie, où la tristesse chrétienne se coulait dans les formes antiques. Musset n'a plus cette gravité, ni ce symbolisme qui nous frappera dans Vigny, il reste le fils inquiet et désabusé du XVIIIe siècle. Sainte-Beuve nous ramènera au scepticisme, comme Gautier nous ramène franchement au paganisme, ou plutôt aux délicates sensualités de l'art païen. Et telles sont, déjà marquées, les principales routes que suivront tous nos poètes jusqu'à la fin de cet âge qui commence avec Lamartine et finit avec Samain.

* *Tableau de l'éloquence chrétienne au* IVe *siècle*. Nouvelle édition. Paris, Didier, 1857.

AUGUSTE BARBIER

Auguste Barbier a écrit quelques pages qui sont parmi les plus belles de notre langue. Il est vrai qu'il en a écrit aussi d'assez médiocres, qu'il n'est ni très riche ni très soutenu. Mais n'est-ce pas déjà un heureux destin que d'avoir eu ne fût-ce qu'une heure d'inspiration véritable et forte ? S'il appartient à la grande période romantique, il semble pourtant, à quelques égards, y demeurer étranger. Il ne se rangea point sous la bannière du chef ; il lui suffit de se rattacher à Chénier. Son fonds d'idées reste, d'ailleurs, celui de ses contemporains ; on pourrait même le tenir pour le représentant le plus fidèle de la bourgeoisie, d'où il sortait.

En bon bourgeois, il réprouve les horreurs de la Révolution ; mais il en accepte les résultats, dont sa classe a profité. A l'encontre de Hugo et de Béranger, il charge Napoléon de sa haine :

inconséquent en ceci, car Napoléon fut le produit nécessaire de la Révolution, ou, pour mieux dire, de l'aventure guerrière où elle s'était follement jetée. Il n'eut pas, toutefois, été plus logique de maudire la Révolution en célébrant Bonaparte : l'homme et l'événement sont les deux membres d'une même équation.

En bon bourgeois encore, en bourgeois métaphysicien ou naïvement idéaliste, comme on le fut en son temps et comme on n'a pas cessé d'être dans le nôtre, le poète invoque sans cesse la Justice, la Liberté : ces abstractions creuses, indéterminées, symbolisent à ses yeux la société miraculeuse qui n'existe pas ; cette phraséologie dont il se sert le trompe sur la réalité des faits ; le mot, sur la valeur de la chose.

En bon bourgeois toujours, il ne « croit » plus ; mais il éprouve le regret de ne plus croire. Avec Hugo, avec Musset, il incrimine Voltaire, qui fut le père de cette bourgeoisie irrévérente, déjà fourvoyée et embarrassée de son triomphe.

Rire ! tu fus l'adieu qu'en délaissant la terre
De son lit de douleur laissa tomber Voltaire ;
Rire de singe assis sur la destruction,
Marteau toujours brûlant de démolition.

Il a jugé, en somme, qu'il suffirait au bonheur des hommes de conserver Dieu ou l'illusion de Dieu en renversant les religions positives ; de ruiner l'ancien ordre social en confiant au génie populaire le soin d'en reconstruire un nouveau ; de discréditer les réalités concrètes, en leur substituant d'imposantes entités pourvues de majuscules.

Il n'est pas jusqu'à la férocité bourgeoise — une férocité de rhétorique — qui n'ait trouvé place dans ses vers. Telle la fameuse apostrophe

C'est que la Liberté n'est pas une comtesse...

qui ressemble trop à une invective de collégien et sonne faux dans les pages superbes des *Iambes*.

Plus de Dieu, rien au ciel !

a-t-il écrit.

Ainsi donc jetez bas toute sainte pensée ;
Comme un épais manteau dont l'épaule est blessée,
Comme un mauvais bâton dont on n'a plus besoin,
Au premier carrefour jette-là dans un coin.

. . . .

Et quand viendra le jour, où, comme un homme las,
Tout d'un coup malgré toi s'arrêteront tes pas,

. . . .

Souviens-toi, moribond, que là-haut tout est vide;
Va dans le champ voisin, prends une pierre aride,
Pose-la sous ta tête, et, sans penser à rien,
Tourne-toi sur le flanc et crève comme un chien.

Et encore, dans l'*Epilogue* de son *Lazare* : il restera toujours, écrira-t-il, assez de maux ici-bas

Pour qu'en sa plainte amère
L'éternelle douleur
Loin de ce globe espère
Quelque monde meilleur.

Barbier semble avoir dépassé, dans ce *Lazare*, la commune pensée bourgeoise. Il a visité l'Angleterre ; il y a observé, à sa naissance, cette puissante « civilisation industrielle » qui allait s'étendre sur le monde et en changer la figure. Il dénonce les vices, la laide misère qui paraissent être la rançon de ses progrès. Il a l'effroi de ce machinisme, dont les bienfaits lui échappent encore. Il a vu les âmes flétries, la nature dévastée : il en a souffert, il en a gémi.

Le poète avait joui d'une heure de gloire. Il s'effaça bientôt, se laissa presque oublier. Peut-être l'histoire qui se faisait déconcerta-t-elle son jugement ; peut-être la maturité de son esprit le conduisit-elle à prévoir les conséquences tragiques de nos révolutions. Tels de nos poètes, quand nous relisons après un long temps certaines de leurs pages, nous apparaissent comme les hallucinés de nos chimères ou comme les pénitents de nos erreurs (1).

(1) « Le prêtre, lisons-nous dans les *Mémoires* du cardinal Perraud, qui l'assista dans ses derniers moments m'écrivit quelque temps après la mort du poète et me fit savoir que, en présence de plusieurs amis, celui-ci avait exprimé le vœu que je lui fusse donné pour successeur par l'Académie. Le 8 juin 1882, celle-ci ratifiait le vœu d'un mourant et précisément dans les conditions que j'avais estimées seules acceptables de ma part. » — Mémoires publiés par Mgr Gauthey, Paris, Pierre Téqui, 1917, p. 108.

ALFRED DE VIGNY
CHARLES BAUDELAIRE

Quelques-uns s'étonneront peut-être de rencontrer ces deux noms, Baudelaire et Vigny, placés ensemble (1). On croirait que leur nature sépare si profondément ces deux poètes, que le langage retenu de l'un repousse à jamais les hardiesses de l'autre. Ce n'est pourtant qu'une vaine opposition. Vigny est bien l'homme qui se montre à nous tout de suite, un artiste sobre et un penseur réservé. Mais on se trompe aisément sur Baudelaire ; on ne le connaît point quand on s'arrête à l'écorce de son œuvre, sans pénétrer dans le fond d'où vient la sève.

Vigny nous apparaît, dans la mêlée romantique, comme un isolé, un solitaire. Sa fierté le tient à l'écart du bruit, le fait vivre comme en un

(1) Je note que Jean de Gourmont range Baudelaire dans la descendance de Vigny.

monde supérieur. *Les Destinées*, son livre le plus intime, n'ont été publiées qu'après sa mort. Son constant souci fut de rester lui-même. Cet aîné des romantiques proprement dits, auprès duquel nous devons toutefois mettre Lamartine, s'il avait marché un temps à leur côté, n'avait guère tardé à se retirer d'eux ; il était le rocher planté aux bords du torrent qui le baigne de ses eaux et s'écoule sans l'entraîner dans sa course.

Voyez ses premiers poèmes. *Livre mystique*, *Livre antique*, *Livre moderne* : cette division est frappante ; c'est déjà une *Légende des Siècles* en raccourci ; légende plus modeste, sans doute, que celle de Hugo, plus discrète, quelque peu voilée, dont bien des pages, néanmoins, ont gardé leur charme. Et ce charme est d'une qualité si particulière que nous trouverions à tel de ces poèmes des imitations, non pas des modèles.

A l'exemple de Vigny, Baudelaire est un solitaire : il ne se rattache expressément à aucun de ses devanciers, pas même à Gautier. Par leur indépendance, par l'originalité de leur manière, ces deux poètes, dont l'un ouvre la période romantique et l'autre la ferme, se rapprochent véritablement. La langue poétique de Vigny, lui dont la prose est si ferme, reste parfois un peu traînante et embarrassée. Baudelaire, malgré son grand souci de la forme, sans laquelle il n'est plus de poésie, n'attache pas davantage la première valeur aux rythmes rares, aux curiosités de l'écriture ; ou, pour mieux dire, l'émotion cruelle qu'il veut rendre se taille le vêtement qui lui convient. Il avoue qu'il a dû, « en parfait comédien », façonner son esprit à tous les sophismes comme à toutes les corruptions ; mais le comédien, ici, est à la fois le poète, et sa pensée n'est pas si éloignée de celle de Vigny qu'ils ne se rencontrent dans un même dégoût, dans un même sentiment de la vanité et de la laideur humaine.

A voir ce que l'on fut sur terre et ce qu'on laisse,
Seul le silence est grand ; tout le reste est faiblesse.

Voilà Vigny dans sa perfection. *La Maison du Berger*, *La Mort du Loup*, *Le Mont des Oliviers*, c'est, oserai-je dire, du Baudelaire purifié.

Baudelaire était de vingt années plus jeune que le poète d'*Eloa* : distance considérable dans la durée d'un siècle. Leur condition sociale, leur tradition, était différente ; la société elle-même, autour d'eux, avait changé.

Idéaliste, dit-on de Vigny. Réaliste, a-t-on dit de Baudelaire. Baudelaire a protesté, avec combien de raison ! quand on affectait de voir en lui ce poète réaliste qu'il n'était pas et dédaignait d'être ; il a rejeté cette « grossière étiquette ». Il serait grand temps, en effet, de bannir de la critique littéraire, aussi bien que de la philosophie, ces qualifications lâches et inutiles, et d'autres avec celles-là, qui ne nous donnent qu'un mot vide de sens, à moins qu'on ne le précise.

Si c'est être réaliste que de peindre exactement quoi que ce soit, en une langue expressive et nette, il n'est point de véritable poète qui ne soit un fervent de ce réalisme. Mais il n'en est point non plus qui ne transfigure en quelque manière la réalité qu'il exprime, et c'est de l'idéalisme tout ensemble On dirait que certains critiques attachent à ce mot de réalisme un sens péjoratif ; qu'ils l'appliquent de préférence aux peintures du laid, sinon encore à celles qui sont si travaillées, si précises qu'elles excluraient toute haute signification, comme si le poète ne recherchait pas alors un idéal dans la perfection même de la forme !

Idéaliste, Baudelaire le serait au même titre que

Vigny. Et pour dire plus, comme Vigny, il est un poète symboliste. Symbolisme, au demeurant, dit trop ou trop peu. Terme de dédain pour les uns, de suprême louange pour les autres ; essence de toute poésie, écririons-nous, si l'on n'entend pas seulement un symbolisme de formes et de sons, ou d'images et de choses, comme quelques-uns nous l'offriront (1), mais encore un symbolisme de figures et de situation, qui n'est pas moins propre à Vigny qu'à Baudelaire.

Cette larme de Jésus tombée sur le linceul de Lazare, cette larme d'où naît Eloa, c'est la tendresse humaine, c'est l'humaine pitié, de divine origine ; et cette tendresse, cette pitié peuvent conduire à l'amour coupable, se donner à Satan, à l'éternel séducteur, dont le souffle impur fera sortir du bien le mal, du désir le vice (2).

Voilà le mystère, voilà le symbole.

Où finit l'*Eloa* de Vigny, commencent les *Fleurs*

(1) Ainsi Verlaine, dont quelques pièces sont des chefs-d'œuvre d'expression symbolique.

(2) Je suis celui qu'on aime et qu'on ne connaît pas.
Sur l'homme j'ai fondé mon empire de flamme,
Dans les désirs du cœur, dans les rêves de l'âme,
Dans les liens du corps, attraits mystérieux,
Dans les trésors du sang, dans les regards des yeux.

du Mal. Notez que Beaudelaire personnifie, lui aussi, le mal dans Satan, dans le démon. Notez que ces *Femmes damnées* qu'il évoque vers la fin de son livre, ces femmes qu'il nomme ses sœurs, sont des Eloa sous des figures diverses (1). Notez enfin que la première pièce de son volume, *Bénédiction*, emprunte, en quelque sorte, la langue même de Vigny, et qu'on la pourrait croire de la main du noble poète (2).

Cette *Bénédiction*, c'est le thème de l'œuvre même ; de cette œuvre où nulle pièce, comme

(1) O vierges, ô démons, ô monstres, ô martyres.
De la réalité grands esprits contempteurs,
Chercheuses d'infini, dévotes et satyres,
Tantôt pleines de cris, tantôt pleines de pleurs...

. . . .

Pauvres sœurs, je vous aime autant que je vous plains,
Pour vos mornes douleurs, vos soifs inassouvies,
Et les urnes d'amour dont vos grands cœurs sont pleins.

(2) Soyez béni, mon Dieu, qui donnez la souffrance
Comme un divin remède à nos impuretés
Et comme la meilleure et la plus pure essence
Qui prépare les forts aux saintes voluptés !

Je sais que vous gardez une place au Poète
Dans les rangs bienheureux des saintes Légions,
Et que vous l'invitez à l'éternelle fête
Des Trônes, des Vertus, des Dominations...

l'avait compris Barbey d'Aurevilly, n'est placée au hasard ; qu'il faut lire comme un drame, un drame dont « le poète est l'acteur universel ». Ces fleurs du mal, ajoutait l'éminent critique, Baudelaire « les a flétries en les nommant ». Il n'importe guère qu'il outre parfois son personnage, que le comédien du vice qu'il voulait être ait pu, par endroits, forcer le rôle ; il n'en demeure pas moins un des plus sincères poètes de la douleur.

Chrétien, il n'est pas besoin qu'on l'invite à le devenir ; il l'est déjà ; il l'est même, qu'il le veuille ou non, si profondément, qu'il croit à la régénération par la souffrance, à la rédemption par les larmes, qu'il a pitié des autres hommes comme de lui-même, que les blasphèmes sortis de sa bouche crient désespérément la croyance en Dieu qu'il garde dans son cœur.

Car c'est vraiment, Seigneur, le meilleur témoignage
Que nous puissions donner de notre dignité,
Que cet ardent sanglot qui roule d'âge en âge
Et vient mourir au bord de votre éternité (1).

« L'impiété, a bien marqué Théophile Gautier,

(1) *Les Phares.*

n'est pas dans la nature de Baudelaire qui croit à une mathématique supérieure établie par Dieu de toute éternité et dont la moindre infraction est punie par les plus rudes châtiments, non seulement dans ce monde, mais encore dans l'autre. » Il est de ces esprits que le vice blesse comme une dissonance, à qui leur instinct du Beau montre dans notre terre « une correspondance du Ciel ». Nos larmes sont pour lui « le témoignage d'une mélancolie irritée, d'une postulation des nerfs, d'une nature exilée dans l'imparfait et qui voudrait s'emparer immédiatement, sur cette terre même, d'un paradis révélé. »

Peut-être est-il moins aisé de lire dans la pensée de Vigny. Ou plutôt, il a son secret qu'il ne nous révèle qu'à demi : les antiques *Destinées* qui étreignaient l'homme ont recouvré leur empire ; le cercle fatal s'est élargi, mais sans se briser. Le poète a le respect des croyances abolies, et cette pudeur de l'âme qui se réfugie dans le silence après l'abandon. Il ne nous convient pas de rompre témérairement ce silence qu'il a gardé. Qu'il nous suffise de rappeler quelques vers où ce rare esprit semble avoir exprimé ses dernières songeries philosophiques :

S'il est vrai qu'au Jardin sacré des Ecritures
Le Fils de l'homme ait dit ce qu'on a rapporté,
Muet, aveugle et sourd au cri des créatures,
Si le Ciel nous laissa comme un monde avorté,
Le juste opposera le dédain de l'absence,
Et ne répondra plus que par un froid silence
Au silence éternel de la Divinité.

Cette pièce, *Le Mont des Oliviers*, porte la date du 2 avril 1862. Le poète mourait l'année suivante (1).

(1) Son *Journal d'un Poète* n'avait montré en Vigny qu'un « demi-croyant », un « priant d'une heure ou d'un jour », sous le coup d'une profonde douleur. « Lui que nous avons vu, en 1837, lisons-nous dans un ouvrage de Mgr Baunard (*Le Vieillard, la Vie montante, Pensées du Soir*, Paris, J. de Gigord, 1911), prier et espérer près du lit de mort de sa mère, appela près de son lit de malade son curé de Notre-Dame de Bercy pour une confession et une communion qui le faisaient s'écrier enthousiaste, attendri : « O monsieur le curé, quelle bonne action vous venez de faire ! » Il avait soixante-six ans ; c'était en 1863. » A quelque raison qu'on les rapporte, ces suprêmes témoignages attestent l'inquiétude morale de bien des hauts esprits de ce temps. — Mais cette inquiétude portait moins sur le *credo* particulier d'une religion que sur la croyance en une puissance divine.

SAINTE-BEUVE, SULLY PRUDHOMME

Le nom de Sainte-Beuve évoque pour nous le critique et l'historien ; nous oublions le poète. A vrai dire, ils ne sont qu'un ; ces trois fonctions révèlent chez lui une même qualité. Sainte-Beuve reste toujours et partout un psychologue ; mieux encore, au plus intime, un confesseur d'âmes. Ses poésies mêmes, ce fut sous le manteau d'une confession qu'il les donna : son Joseph Delorme, c'est proprement lui, lui qui se raconte, qui s'analyse, qui se montre en se dérobant, qui se retrouve en se cherchant, qui croit et qui doute tout ensemble.

Ce Joseph Delorme, Sainte-Beuve le fait mourir en sa fleur ; il n'était que son premier personnage. De ce personnage, plus d'un trait, pourtant, lui est demeuré.

« Joseph, nous dit-il, avait cherché son refuge

dans cette science (et c'est l'étude de soi qu'il entend) des esprits taciturnes et pensifs. Son intelligence avide, faute d'aliment extérieur, s'attaquait à elle-même, et vivait de sa propre substance, comme le malheureux affamé qui se dévore. » Bientôt, c'est à la substance d'autrui qu'il s'attaquerait, à la substance de ses glorieux contemporains, dont il avait conscience d'être l'égal en quelque manière ; il serait le grand critique de son temps, l'historien de Port-Royal ; sa curiosité de savoir le ferait maître en cette médecine de l'âme, qui est le partage des prêtres éclairés.

Voilà pour la direction de son esprit. Voici pour le fond.

« Sa vocation pour la philosophie et pour les sciences (il s'agit encore de son Joseph) semblait se prononcer de plus en plus ; il s'y poussait avec toute l'ardeur d'un converti de la veille et tout l'orgueil d'un sage de dix-huit ans. Abjurant les simples croyances de son éducation chrétienne, il s'était épris de l'impiété audacieuse du dernier siècle, ou plutôt de cette adoration sombre et mystique de la nature, qui, chez Diderot et d'Holbach, ressemble presque à une religion... »

Rapprochez maintenant de ce passage ces lignes, datées aussi de 1829, de la lettre à Victor Hugo qui sert de préface aux *Consolations* :

« Oui, eût-on la géométrie de Pascal et le génie de René, si la mystérieuse semence de la rêverie a été jetée en nous et a germé sous nos larmes dès l'enfance ; si nous nous sentons de bonne heure malades de la maladie de St-Augustin et de Fénelon ; si, comme le disciple dont parle Klopstock, ce Lebbée dont la plainte est si douce, nous avons besoin qu'un gardien céleste abrite notre sommeil avec de tendres branches d'olivier ; si enfin, comme le triste Abbadona, nous portons en nous le poids de quelque chose d'irréparable : il n'y a qu'une voie ouverte pour échapper à l'ennui dévorant, aux lâches défaillances et au mysticisme insensé... O mon ami... bien jeune, vous avez marché droit, même dans la nuit... Comme Isaac attendant la fille de Bethuel, vous vous promeniez solitaire dans le chemin qui mène au puits appelé le puits de *Celui qui vit et qui voit, viventis et videntis*... Quand vous avez eu assez pleuré, vous vous êtes retiré à Patmos avec votre aigle, et vous avez vu clair dans les plus effrayants symboles... »

Faut-il rien d'autre que ce langage à demi-voilé, et ces aveux d'une curiosité profane, pour nous révéler cette sorte de transfusion qui se faisait alors du catholicisme du moyen-âge dans le naturisme du dix-huitième siècle, de l'âme religieuse que les siècles de foi avaient formée dans l'âme irreligieuse que la philosophie avait entrepris de reconstruire ? Que l'accent où leur inquiétude s'exprimait fût tragique ou tendre, elle marque le caractère des poètes de ce temps. Cette vague prière, cet appel au Dieu vivant, qui semblait la voie cherchée, ce n'était pourtant qu'un autre et incomplet mysticisme, qui ne tardera pas à s'accommoder des biens de ce monde. Hugo y trouve sa ferme et orgueilleuse assurance. Sainte-Beuve, moins superbe, reste dans le doute : il sera le pyrrhonien que l'on sait, mais il aura gardé de son premier état cette habitude d'examen, cet esprit de finesse, ajoutons encore, ces demi-teintes qui prêteront un charme si particulier à ses analyses.

C'est, écrivait-il de ces hommes vieux peints par Rembrandt en lecture ou en prière, éclairés d'un rayon qui les dore au passage,

C'est le symbole vrai des justes en ce monde.
Plus qu'à demi-voilés d'obscurité profonde,
Toujours ils ont passé, Rembrandt, et passeront,
Tout en noir et dans l'ombre, une lumière au front.

Non pas *tout en noir* ; cette note n'est pas juste. Mais ne serait-il point permis de comparer à la manière du peintre celle du critique, du psychologue ?

Ce fut alors l'heure matinale, l'heure de fraîcheur et de sincérité du romantisme. Le Victor Hugo de cet âge portait au front un rayon d'inspiration prophétique ; son œuvre témoignait d'une dévotion austère, on dirait presque d'une onction sainte, qui firent de lui comme le chef religieux de son école.

Sainte-Beuve se proclamait son disciple. Il ne tarderait guère à devenir maître à son tour. Poète, il le fut et le demeura plus qu'on ne croit ; on lui fait tort, faute de l'avoir relu. Historien et psychologue, nous n'ignorons pas ce que Taine lui a dû ; sa méthode était une nouveauté, et c'est ici qu'il allait trouver sa gloire.

Sully Prudhomme ne semble pas, au premier abord, offrir rien de commun avec Sainte-Beuve.

Au moral, ils sont deux natures extrêmement différentes. Ce qui les rapproche, c'est le caractère d'intimité de leur poésie. *Vie intérieure*, *Épreuves*, *Solitudes*, ces titres mêmes font Sully Prudhomme assez voisin du poète des *Consolations* ; lui aussi, il est un confesseur d'âmes, non pas, peut-être, des plus experts, mais des plus discrets, des plus délicats. Nous ne dirons pas que ses poésies, à part quelques rares pièces, sont vraiment de premier ordre ; il ne paraît pas avoir eu un bien vif sentiment du rythme, et son inspiration reste assez courte. Sa langue est toute en nuances, mais sans éclat, plus subtile que pénétrante, parfois obscure et embarrassée. C'est une chaleur qui ne donne pas de flamme, une musique qui n'a point de *forte*. Son vers s'affaiblit et devient laborieux, dès que sa pensée s'étend ou qu'elle se hausse aux problèmes ardus de la philosophie. Ce n'est pas, d'ailleurs, sa moindre qualité que d'avoir ressenti l'angoisse de ces problèmes ; le penseur a prêté au poète plutôt qu'il ne l'a troublé.

N'attendons pas que sa philosophie soit bien nette, ni qu'elle ait l'ambition d'être triomphante. Il apparaît malaisé d'en faire, comme on l'a tenté (1), un ensemble cohérent et solide. « Un perpétuel examen de conscience », telle est, écrit justement M. Hémon, la situation de Sully Prudhomme. Le cœur, chez lui, proteste contre l'intellect, avec non moins de véhémence que l'intellect résiste aux suggestions du cœur.

Le siècle a marché, de 1829 à 1865. Des doctrines nouvelles ont appelé l'attention des hommes d'étude; la science a enfanté des prodiges ; le vieux libertinage de l'esprit incline à la plus complète indifférence à l'égard des révélations surnaturelles. Indépendant de tout dogme, Sully Prudhomme reste tout de même religieux par tempérament. En morale seulement il demeure chrétien. Sa foi n'est qu'un élan vers l'idéal, une vague « aspiration ». Son monisme panthéistique exclut, semble-t-il, la Personnalité divine, la Providence et la Justice surnaturelle. Les lois sociales, c'est l'homme qui les invente :

Artisan douloureux de sa propre excellence,
Pour fonder la justice il éprouve les poids
Et semble, en tâtonnant affoler la balance.

(1) Camille Hémon, *La philosophie de Sully-Prud'homme*. Paris, F. Alcan, 1907.

Il s'aventure jusqu'à tirer de sa vision d'artiste une métaphysique fabuleuse, une doctrine de la transmigration astrale, sur quoi se fonderait enfin une religion de la solidarité cosmique.

J'ai beau joindre les mains, et, le front sur la Bible,
Redire le Credo que ma bouche épela,
Je ne sens rien du tout devant moi. C'est horrible.

« Tu n'as pas l'air chrétien », écrit-il en parlant à *la Grande Ourse*,

O figure fatale, exacte et monotone,
Pareille à sept clous d'or plantés dans un drap noir,
Ta précise lenteur et ta froide lumière
Déconcertent la foi : c'est toi qui la première
M'as fait examiner mes prières du soir (1).

Et encore :

Dieu n'est pas rien, mais Dieu n'est personne : il est Tout.

Ceci enfin :

Etrange vérité, pénible à concevoir,
Gênante pour le cœur comme pour la cervelle,
Que l'Univers, le Tout, soit Dieu sans le savoir.

(1) Combien plus émouvante cette note jetée par Pascal : « Le silence éternel de ces espaces infinis m'effraye » ! — ou cette autre qu'on peut résumer ainsi : La lune et les planètes ne prouvent pas Dieu.

Ajouterons-nous que les questions posées par la vie ne se trouvent point résolues à si peu de frais, et que le noble chantre du *Bonheur*, préoccupé de justifier et de compenser la souffrance et le sacrifice, pas plus que l'auteur du *Que sais-je ?* n'a pu se flatter d'en débrouiller les ténèbres ? Ce que le poète, en Sully Prudhomme, avait retenu de la rigueur géométrique, ne le gardait pas du flottement de la pensée. Tout m'attire à la fois, écrivait-il.

Le vrai par ses lueurs, l'inconnu par ses voiles.

Et ce doute même, ces figures contraires qui l'attirent marquent sa poésie et lui donnent, en partie, son caractère. Schopenhauer après Spinoza, Darwin après Lamark, Kant après Hume, Comte après Bacon ou Leibniz, et combien d'autres, ont ajouté à notre instruction sans réussir à nous satisfaire. On croirait parfois que toute notre philosophie ne sait que se prendre dans les toiles qu'elle a ourdies de ses propres mains.

LECONTE DE LISLE. — J. M. DE HÉRÉDIA
LÉON DIERX

Leconte de Lisle fut le maître, Hérédia le disciple. Leur œuvre reste voisine. Il semble qu'ils aient ressenti, tous deux, le dégoût des confidences amoureuses, des passions politiques, qu'ils aient cherché un refuge contre le présent dans le mirage des âges révolus ou dans la splendeur des cieux étrangers.

Leur poésie est une branche détachée du romantisme. Ils en ont dédaigné les accents personnels, la sensibilité outrée, jusqu'à la flamme qui le pénètre ; ils n'en ont gardé que le souci de la forme. Ils sont, oserions-nous dire, les « contemplatifs » de ce romantisme dont ils procèdent tout de même ; ils se jugent être au plus profond du sentiment poétique, comme ceux-là sont au cœur du sentiment religieux. A la différence du moine, cependant, dont la cellule reste froide et nue, mais l'âme brûlante de l'amour divin, nos poètes s'entourent de magnificence, ils prodiguent l'or et les pierres précieuses; mais on a pu croire qu'ils négligeaient parfois d'allumer la lampe de leur sanctuaire. Leur temple n'aurait point de dieu, leur âme point de chaleur; la vie aurait déserté déjà le livre de ces poètes qui se sont enfuis des intérêts des vivants.

Ce reproche n'est pas toujours mérité. Le *moi* du poète, ici et là, déborde sa poétique. Hérédia lui-même a quelques sonnets où se trahissent les palpitations du cœur.

Leconte de Lisle a plus de force et de compréhension. Nul ne contestera qu'il fut un admirable artisan ; et, sans cette qualité, point de poète accompli. Si la richesse continue et trop cherchée de sa langue nous laisse pourtant une impression de lourdeur et de fatigue, telle note plus vibrante vient par endroits animer ses pages. Le cliquetis des épées peut sonner à nos oreilles comme un vain bruit ; la fureur sacrée des personnages nous laisser froids. Pauvres êtres que nous sommes de chair et de sang, il nous faut toucher à quelque chose d'humain ; au milieu des solitudes du verbe, la plus chétive des créatures vivantes nous devient amie.

A l'égard de leurs croyances, ou plutôt de leur philosophie naturelle, nous trouverions dans Hérédia un composé de christianisme héroïque et de dévotion chevaleresque ; dans Leconte de Lisle, une sorte de paganisme raffiné, fait de mythologie et de métaphysique. Ces deux poètes nous apparaîtraient, à ne voir que le caractère de leur œuvre, entraînés dans le même mouvement de ferveur qui s'attacha, au cours du dix-neuvième siècle, à la résurrection des âges religieux de l'antiquité, hellénique ou hindouique ; ils en furent, en vertu de leur nature particulière, par leur origine et par la force des premières impressions, les plus illustres représentants dans la poésie française.

Ce fut le temps où des savants nous donnèrent la traduction des vastes poèmes de l'Inde, où l'érudition s'appliqua à faire revivre la Grèce ancienne, à déchiffrer le vieil Orient dans ses monuments et dans ses langues. Ce fut aussi le temps où la « philosophie positive » eut l'ambition de trouver une nouvelle foi dans la connaissance comparative de tous les dogmes, de toutes les civilisations, envers lesquels son attitude restait marquée d'indifférence autant que de respect.

Je ne dirai pas que nos poètes partagèrent cette indifférence, ;dont la poésie ne saurait guère s'accommoder. Je ne dirai pas, surtout, qu'ils furent des positivistes, à la manière dure de Mme Ackermann. Ils furent plutôt des « curieux », au sens étendu que nos pères donnaient à ce mot : attitude intéressante, faite de recherche et d'artifice, qui vient du cerveau plutôt que du cœur, mais qui comporte néanmoins de la passion et ne manque pas de sincérité.

Oui, sans doute, ni la richesse des rimes ni l'opulence des images ne sauraient masquer ce qu'il y a de faux, de convenu dans cette représentation des temps héroïques ou mythiques où se complaît leur imagination. Mais la réalité brute n'est pas ce qui intéresse le poète. Cette Hellas où Leconte de Lisle nous ramène de préférence, il n'importe point qu'elle ait la vérité de l'histoire, il suffit qu'elle revête la vérité de l'art ; il y situe son idéal ; il y voit la beauté, la joie, la fraîcheur de la vie, le printemps de toutes choses ; par delà les fables grossières, il cherche une signification plus haute :

Forces de l'univers, vertus intérieures.
De la terre et du ciel concours harmonieux,
Qui charme la pensée et l'oreille et les yeux,
Et qui donne, idéal aux sages accessible,
A la beauté de l'âme une splendeur visible.

Sur les rapports de Leconte de Lisle avec le christianisme, relisez la pièce *Hypatie et Cyrille*, d'où ces vers sont extraits ; relisez le *Chant alterné*. Relisez enfin cette belle pièce, ce *Dies iræ* qui clôt les *Poèmes antiques*. Ici s'exprime largement, avec une émotion vraie, l'éternelle plainte du poète contre la laideur du monde, le regret de ce que l'homme a perdu par le progrès d'une civilisation qui menace parfois de sombrer dans une nouvelle et pire barbarie.

. . . .

Les lumières d'en haut s'en vont diminuées,
L'impénétrable nuit tombe déjà des cieux,
L'astre du vieil Ormuzd est mort sous les nuées :
L'Orient s'est couché dans la cendre des Dieux.

. . . .

L'harmonieuse Hellas, vierge aux tresses dorées,
A qui l'amour du monde a dressé des autels,
Gît, muette à jamais, au bord des mers sacrées,
Sur les membres divins de ses blancs Immortels.

Plus de charbon ardent sur la lèvre-prophète !
Adonaï, les vents ont emporté ta voix ;
Et le Nazaréen, pâle et baissant la tête,
Pousse un cri de détresse une dernière fois.

. . . .

Oui, le mal éternel est dans sa plénitude !
L'air du siècle est mauvais aux esprits ulcérés.
Salut, oubli du monde et de la multitude !
Reprends-nous, ô Nature, entre tes bras sacrés.

. . . .

Consolez-nous enfin des espérances vaines :
La route infructueuse a blessé nos pieds nus.
Du sommet des grands caps, loin des rumeurs humaines,
O vents ! emportez-nous vers les Dieux inconnus !

Mais si rien ne répond dans l'immense étendue,
Que le stérile écho de l'éternel désir,
Adieu, déserts, où l'âme ouvre une aile éperdue !
Adieu, songe sublime, impossible à saisir !

Et toi, divine Mort, où tout rentre et s'efface,
Accueille tes enfants dans ton sein étoilé ;
Affranchis-nous du temps, du nombre et de l'espace,
Et rends-nous le repos que la vie a troublé.

Ce n'est pas ici le pesant pessimisme de doctrine dont la philosophie allemande répandait alors les confuses leçons sur les deux mondes ; c'est le pessimisme de sentiment, qui se retrouve dans tous les grands poètes, de l'antiquité jusqu'à nos jours.

Ecoutons encore ces derniers vers au *Nazaréen :*

O fils du charpentier, tu n'avais pas menti

. . . .

Car tu sièges auprès de tes Egaux antiques,
Sous tes longs cheveux roux, dans ton ciel chaste et bleu ;
Les âmes, en essaims de colombes mystiques,
Vont boire la rosée à tes lèvres de Dieu :

Et comme aux jours altiers de la force romaine,
Comme au déclin d'un siècle aveugle et révolté,
Tu n'auras pas menti, tant que la race humaine
Pleurera dans le temps et dans l'éternité (1).

Son pessimisme rattache Leconte de l'Isle au Bouddha et à Jésus ; sa nature d'artiste épris des splendeurs du verbe et de la pureté des formes le ramène à l'idéal hellénique. L'antique sagesse de l'Orient retient sa contemplantation et lui impose la vision qu'il a des choses.

Peut-être (mais il convient de toucher d'une main légère à ces blessures) décélerions-nous encore, dans Leconte de l'Isle, quelque amertume

(1) Voyez *Le vent froid de la mort, l'Ecclésiaste.*

d'une gloire qui lui parut trop mesurée. Il s'était fait de l'artiste une idée très haute, mais qui peut sembler incomplète, à lire les jugements qu'il porta lui-même, en particulier sur Béranger et sur Lamartine. L'intelligible n'est pas toujours le commun, ni l'émotion la trivialité. Le grand art sait être communicable ; le plus grand artiste peut être aussi un grand humain.

Ne sut-il pas, à ses heures, être l'un et l'autre ?

Léon Dierx se rattache, comme Hérédia, à Leconte de Lisle. Il le proclame son maître. Son maître, si l'on considère la facture, la tenue de sa poésie ; son maître encore, dans le ton et l'accent de sa philosophie. Non moins âprement que Leconte de Lisle, Dierx est le poète du néant : il semble que toutes ses pièces, ou du moins les principales, soient un développement, presque une réplique du *Dies iræ*.

Dierx se complait à broder sa poésie sur le thème d'un songe ; et ce songe est toujours un songe triste, un songe de mort et d'anéantissement. Son imagination n'est pas sans grandeur ; elle est au poète comme son propre supplice, elle lui tisse la robe qui le serre et l'étouffe.

Voyez son *Lazare*, son Lazare ressuscité pour être l'effroi des vivants et devenir à soi-même son bourreau,

Enviant tous ces morts qui dans leurs lits de pierre
Un jour s'étaient couchés pour n'en sortir jamais !

Relisez cette *Dolorosa Mater*, où le poète traduit l'épouvante de la création ; cette *Marche funèbre*, ce *Chœur des derniers Hommes*, où il attend la fin des choses et trouve une cruelle jouissance à la chanter. Toute chose est morte dans la nature ; tout idéal desséché ; toute passion éteinte, force, courage, amour, et jusqu'à la haine.

La haine est morte. Seul a survécu l'ennui,
L'insurmontable ennui de nos hideurs jumelles,
Qui tarit pour toujours le lait dans nos mamelles,
Et nous roule au néant moins noir encor que lui.

. . . .

Terre, toi-même au bout du destin qui nous lie,
Comme un crâne vidé, nue, horrible et sans voix,
Retourne à ton soleil ! Une seconde fois,
S'il brûle encor, renais à sa flamme pâlie !

Mais au globe épuisé heurtant ton globe impur,
Puisses-tu revomir nos os sans nombre, ô Terre !
Dans le vide où ne germe aucun monde futur
Tous à jamais lancés par le même cratère !

Il n'est pas jusqu'au masque de Léon Dierx, — autant que leurs portraits permettent de les comparer l'un avec l'autre, — qui n'offre quelque ressemblance avec le masque de Leconte de Lisle. Même tête fière, orgueilleuse et triste tout ensemble. Si Hérédia fut le disciple et l'ami qui continuait l'artiste, Dierx est le suivant qui continue le penseur : Leconte de Lisle et Dierx resteront au premier rang des pessimistes de sentiment qui traduisirent la pensée philosophique du dix-neuvième siècle finissant.

Il semble qu'on ne puisse, après eux, descendre plus avant dans le dégoût d'une existence qui se décolore et d'une société qui se décompose. Nul idéal qui ne leur paraisse trompeur ; nul rêve qu'ils ne jugent avorté. Il n'est point de branche où le vent rattache le fil de leur pensée : le fil pend à jamais dans le vide. On dirait le point extrême de cette oscillation qui promène l'âme des hommes, depuis les premiers âges, de la foi au doute, de l'espoir à la désespérance, du plaisir de vivre à la soif de ne plus être.

AUGUSTE BRIZEUX — FRÉDÉRIC MISTRAL

Oh ! ne quittez jamais, c'est moi qui vous le dis,
Le devant de la porte où l'on jouait jadis,
L'église où, tout enfant, d'une voix douce et claire,
Vous chantiez à la messe auprès de votre mère,
Et la petite école où, traînant chaque pas,
Vous alliez le matin, oh ! ne la quittez pas !

Brizeux les avait quittées, cette petite école, cette église, cette porte de la maison paternelle ; il avait déserté, pour se brûler à la flamme de Paris, cette Bretagne où son cœur, pourtant, restait attaché ; et de ses regrets et de son amour est sortie son œuvre, une œuvre peu abondante, mais personnelle et sincère.

Quelle surprise, alors que tant de poésies ont pâli avec le temps, de retrouver un poème que nous avions négligé dans notre jeunesse, et dont le charme nous pénètre aujourd'hui intimement ! Cette surprise, je viens de l'éprouver en relisant

Marie, et d'abord *Les Bretons*, dont j'avais à peine, jadis, tourné les feuillets avec négligence. Ces *Bretons* sont vraiment un bel ouvrage, une manière d'épopée originale, écrite de main d'artiste, qui gagnera avec l'âge un nouveau prix.

Ce poème s'associe dans ma pensée, spontanément, à ceux de Mistral. Mais quelle inégale fortune ont eue les *Bretons* et la *Miréio* du poète provençal ! Il a été accordé à celui-ci de vieillir et de se promener dans sa gloire, tandis que Brizeux mourait à 50 ans, sans avoir joui d'une grande renommée. La raison d'un succès si différent me semble revenir moins à la quantité du génie, si tant est qu'on la puisse mesurer, qu'à la nature de l'œuvre, au caractère de l'homme, aux conditions du milieu et du moment.

Les *Bretons* ne sont pas un drame qui se passe quelque part ; ils sont un pays qui vit dans le geste de ses habitants. Le héros, ce n'est pas Loïc, ce n'est pas Anna, c'est l'âme bretonne. Paysages, descriptions, coutumes, croyances des temps passés, voilà le vrai thème, avec la mélancolie de ce qui change, de ce qui meurt. Les personnages restent dans la demi-teinte, et c'est dans leur cœur que se passe l'action.

Il en va autrement avec la *Mireille* de Mistral. Si le cadre en est provençal, les personnages ont pourtant une vie propre ; ils sont eux-mêmes, autant qu'ils sont fils de la Provence ; l'action garde aussi des traits plus généraux : de là, le caractère plus dramatique de l'œuvre, un sens plus accessible à tous les lecteurs, plus favorable à l'illustration musicale ou pittoresque (1).

Ajoutons encore que les noms bretons sonnent assez étrangement à nos oreilles, quand les noms provençaux viennent facilement sur toutes les lèvres : que les paysages de la Bretagne nous apparaissent un peu tristes, au regard du midi éblouissant ; et, pour tout dire, qu'il convient de faire une part au soleil, aux parfums et au ciel de son pays dans le grand renom qui est échu au poète de *Mireille*.

Ce que nous en disons n'est point pour diminuer l'homme ni l'ouvrage. Mistral eut, par ailleurs, un autre mérite, par quoi il se révéla vraiment supérieur.

Brizeux était venu vivre à Paris. Sa foi religieuse s'y éteignit à moitié. Il semble même

(1) Notons ici l'inégale fortune de *Miréio* et de *Calendaù*.

qu'il se soit laissé séduire un moment aux vains mirages de la politique : nous en aurions la preuve dans cet *Hymne* daté d'août 1830, où se retrouve l'écho des rancunes et des ignorances bourgeoises de ce temps, de la même sottise qui conduirait aux journées de février et de décembre, pour aboutir à la sombre tragédie de la défaite. Mais tenons-nous à notre poète et à ses croyances religieuses. Aujourd'hui, a-t-il écrit dans *Marie*,

Aujourd'hui que mes pas négligent le saint-lieu,
Sans culte et cependant plein de désirs vers Dieu,
De ces jours de ferveur, oh ! vous pouvez m'en croire,
L'éclat lointain réchauffe encore ma mémoire,

Le psaume retentit dans mon âme, et ma voix
Retrouve quelques mots des versets d'autrefois.
Jours aimés ! jours éteints ! comme un jeune lévite,
Bien souvent j'ai porté l'aube blanche et bénite,
Chanté l'hymne latin dans le chœur ; et, le soir,
Aux marches de l'autel balancé l'encensoir.

. . . .

Je fus poète alors ! Sur mon âme embrasée
L'imagination secoua sa rosée,
Et je reçus d'en haut le don intérieur
D'exprimer par des mots ce que j'ai dans le cœur !

Ces souvenirs prêtent à sa poésie un accent

plus touchant. Il s'attachait à toutes les croyances évanouies ; il nous a dépeint une Bretagne non moins druidique ou païenne que chrétienne : et cette Bretagne qui est à peu près morte, son épopée la fera revivre pour ses fils. Son aversion d'artiste ne se déclare pas contre les coutumes abolies, mais bien plutôt contre la froide science, mortelle aux poètes de sa race.

Tout ce qu'on gagne en force, on le perd en beauté

a-t-il écrit, et plus expressément encore

L'antique poésie au monde n'est pas morte ;
Mais cette chaîne d'or, ce fil mystérieux
Qui liait autrefois la terre avec les cieux,
Notre orgueil l'a rompu ; devant tant de merveilles
Nous sommes aujourd'hui sans yeux et sans oreilles.
Quelques pâtres grossiers, des poètes enfants,
Plus forts que la science et ses bras étouffants,
Doux et simples d'esprit, seuls devinent encore
L'ensemble harmonieux du monde qui s'ignore (1).

Ainsi Brizeux nous apparaît comme pris, et presque étouffé, dans ce heurt de deux courants

(1) Même note dans les *Ternaires*, qui sont de 1841.

de pensée qui s'entrechoquent. Il résiste à peine ; il cède et il regrette à la fois.

Mistral n'aura pas cette faiblesse, cette incertitude. Il ne quittera pas son pays ; il n'abjurera pas sa foi ; il sera, par là, le plus fidèle représentant de sa race, et comme le héraut du génie provincial de l'ancienne France. La Révolution en avait brisé les cadres historiques et, pour ainsi dire, émietté l'âme. La vie tendait à refaire ce que la politique avait défait ; les vieux parlers, qui n'étaient pas morts, restaient les gardien des vieilles choses. Mistral fit mieux encore que de demeurer attaché à son pays et de se déclarer catholique comme l'avaient été ses pères ; il écrivit en sa langue provençale, assuré qu'il était qu'il passerait dans la prose où il traduisait ses vers un charme assez pénétrant pour leur conquérir l'admiration de tous : et ce fut sa force d'avoir donné à sa vie cette haute signification (1).

(1) Il fut vraiment le prince de son domaine, et trouva dans les *félibres* une cour de fervents admirateurs.

HÉGÉSIPPE MOREAU — VERLAINE

Il n'est peut-être pas vrai que Malfilâtre soit mort de faim, et ce n'est point la misère, semble-t-il, qui jeta Gilbert à l'hôpital. Malfilâtre et Gilbert restent pourtant la figure du poète malheureux au XVIIIe siècle. Hégésippe Moreau et Verlaine furent les poètes malheureux du XIXe : non moins malheureux et non moins poètes. Il y a soixante ans, les *Adieux à la Vie* de Gilbert nous étaient la pièce la plus touchante de nos recueils scolaires, et le *Super flumina*, de Malfilâtre, nous charmait par la beauté de sa langue si pleine et si pure : il n'est guère de collégien quelque peu doué du sentiment poétique, qui n'en ait tenté une maladroite imitation.

Plus que Gilbert, dont le souvenir ne cessa de le hanter, Hégésippe Moreau était écrivain de race. Sainte-Beuve a porté sur lui un jugement auquel on ne saurait contredire ; il a noté dans son œuvre, trop tôt close par la mort, les diverses influences de Chénier, pour les ïambes, de Béranger, pour la chanson, de Barthélemy, pour la satire. Barthélemy ! Ce nom tombé dans l'oubli suffirait à prouver l'infériorité de la satire politique, quand on n'y sent point passer le souffle d'une grande âme. La vraie poésie ne saurait vivre que de ce qui dure, de ce qui garde un sens profond pour le cœur des hommes. L'échafaud prête un accent tragique aux *Iambes* de Chénier ; l'éloquente prosopopée de Barbier s'ennoblit de la grandeur légendaire du héros qu'il charge de sa haine. Un vain déploiement de virtuosité ôterait de sa dignité et de sa vigueur au cri de colère du poète. Les *Châtiments* n'ajoutent pas plus à la gloire de Hugo qu'ils ne fortifient la juste sévérité de l'histoire.

Le poète, d'ordinaire, ne fait que suivre l'opinion du moment ; l'opinion le dirige, même quand il la combat ; il ne s'attache point à la signification réelle des événements : il ne les situe pas dans l'ensemble de l'histoire ; toute vive et sincère que puisse être la passion qui le domine, sa philosophie reste trop courte ; sa raison emprunte sa chaleur de cette même passion qui la fait mentir.

La satire politique ne forme pas la meilleure part des *Chansons* de Béranger. Elle apparaît faible et inconsistante dans l'œuvre d'Hégésippe Moreau : que resterait-il de lui, si sa nature d'artiste ne l'eût ramené de force à la vérité de l'art ; s'il n'eût pas écrit *la Voulzie*, *la Fauvette du Calvaire*, et ces quelques contes en prose qui le classent parmi les meilleurs conteurs de notre langue, comme telle élégie ou telle chanson lui assure un rang parmi nos meilleurs poètes ?

Irréligieux et révolutionnaire, Hégésippe Moreau le fut un temps ; il se prit à la duperie de mots qui faisaient fortune et qui trompaient sur la réalité des choses. L'humiliation de sa propre misère n'avait pourtant pas tellement gâté son bon sens naturel qu'il ne se soit ressaisi aux heures où son amertume se fondait dans l'attendrissement du cœur. Sa fièvre politique se calma. Plus encore, il est une pièce de lui, *Un quart d'heure de dévotion*, une belle pièce à peine déparée par une ou deux images fausses, qui nous le montre plus religieux au fond qu'on ne l'eût pensé, docile presque comme un pécheur repentant. Nous y relevons d'abord la même note que dans Brizeux, le même souvenir persistant des années d'enfance :

Autrefois, pour prier, mes lèvres enfantines
D'elles-mêmes s'ouvraient aux syllabes latines,
Et j'allais aux grands jours, blanc lévite du chœur,
Répandre devant Dieu ma corbeille et mon cœur.
Mais depuis...

Et maintenant le poète déçu, l'homme souffrant, s'interroge ; il cherche un refuge en quelque lieu où la méchanceté du sort ne le puisse atteindre :

Où puiser, ai-je dit, la paix intérieure!
Où marcher dans la nuit sans étoiles aux cieux?
. . . .
Le doute aussi m'accable, hélas, et j'y succombe :
Mon âme fatiguée est comme la colombe
Sur le flot du désert égarant son essor ;
Et l'olivier sauveur ne fleurit pas encor...
Ces mille souvenirs couraient dans ma mémoire ;
Et je balbutiai : « Seigneur faites-moi croire. »
Quand soudain sur mon front passa ce vent glacé
Qui sur le front de Job autrefois a passé.
Le vent d'hiver pleura sur le parvis sonore,
Et soudain je sentis que je gardais encore
Dans le fond de mon cœur, de moi-même ignoré,
Un peu de vieille foi, parfum évaporé.
. . . .

Et je versai des pleurs, et, reconquis à Dieu,
Au tombeau de Racine (1) alors je fis un vœu.
Ce vœu, je l'accomplis en écrivant ces pages...

Les religions sont l'expression de la détresse humaine ; elles l'endorment ou la parent de leurs fleurs. Nos impressions du premier âge prêtent de leur charme à celle où nous sommes nés, et l'on ne connaît guère de poète qui n'en ait senti, à certaines heures, le désir ou le regret. Aux approches de la mort, qu'Hégésippe Moreau, malade, entend venir, son présent se rejoint à son passé ; il aspire vers une foi qui le soutienne et lui permette d'échapper d'un coup d'aile aux rigueurs d'une existence morne et décolorée.

Peut-être ne se donnait-il pas sans réserve. Verlaine se livrera corps et âme, au moins pour un temps. Sa détresse est d'un enfant, comme l'abandon qu'il fait de lui-même. Cet irrégulier eut de l'ingénuité jusque dans ses vices. Avec lui, c'est l'offrande de tout l'être à Jésus et à son Eglise, en pauvreté et humilité.

Je ne veux plus aimer que ma mère Marie...

(1) Dans l'église de Saint-Etienne-du-Mont.

écrira-t-il.

Et comme j'étais faible et bien méchant encore,
Aux mains lâches, les yeux éblouis des chemins,
Elle baissa mes yeux et me joignit les mains,
Et m'enseigna les mots par lesquels on adore.

Quelle fraîcheur, quelle suavité dans ces quatre vers ! Mais je ne sais point de pièce plus touchante par son accent, plus originale par son rythme, que cette autre de *Sagesse*, qui serait à reproduire en entier.

O mon Dieu, vous m'avez blessé d'amour,
Et la blessure est encore vibrante,
O mon Dieu vous m'avez blessé d'amour.

. . . .

Noyez mon âme aux flots de votre Vin,
Fondez ma vie au Pain de votre table,
Noyez mon âme aux flots de votre Vin.

Voici mon sang que je n'ai pas versé,
Voici ma chair indigne de souffrance,
Voici mon sang que je n'ai pas versé.

Voici mon front qui n'a pu que rougir,
Pour l'escabeau de vos pieds adorables,
Voici mon front qui n'a pu que rougir.

Voici mes mains qui n'ont pas travaillé,
Pour les charbons ardents et l'encens rare,
Voici mes mains qui n'ont pas travaillé.

Voici mon cœur qui n'a battu qu'en vain,
Pour palpiter aux ronces du Calvaire,
Voici mon cœur qui n'a battu qu'en vain.

Voici mes pieds, frivoles voyageurs,
Pour accourir au cri de votre grâce,
Voici mes pieds, frivoles voyageurs.

. . . .

Voici mes yeux, luminaires d'erreur
Pour être éteints aux pleurs de la prière,
Voici mes yeux, luminaires d'erreur.

. . . .

Vous, Dieu de paix, de joie et de bonheur,
Toutes mes peurs, toutes mes ignorances,
Vous, Dieu de paix, de joie et de bonheur.

Vous connaissez tout cela, tout cela,
Et que je suis plus pauvre que personne,
Vous connaissez tout cela, tout cela.

Mais ce que j'ai, mon Dieu, je vous le donne.

Nulle superbe dans ces belles stances. On n'y voit point cette assurance tranquille, cette sorte de piété confortable et froide où se tiennent beaucoup d'auteurs chrétiens. Notre poète malheureux, c'est le pécheur qui s'humilie, qui est naïf jusqu'aux larmes, docile jusqu'à l'abnégation. Si nous lui cherchions une parenté dans le passé, c'est à Villon que nous le comparerions : il est de sa race, il le continue. Comme Villon, Verlaine fut un vrai artiste, ce qui ne veut pas dire que sa poésie n'ait point de faiblesses, ni que nous la goûtions aveuglément. On peut être un poète, et même un brillant poète, sans posséder cette qualité d'artiste, qui reste à peu près indéfinissable, que l'on sent plutôt qu'on ne l'explique, qui n'est point la préciosité, qui exclurait plutôt le précieux et le maniérisme, mais qui est d'abord une qualité de l'âme, une qualité qui passe dans les mots et dans les rythmes, celle qui donne à La Fontaine, par exemple, un caractère si exquis, si délicat : La Fontaine, le premier d'une lignée qui partirait de Villon et de Charles d'Orléans, et dont ce Verlaine si incomplet serait un des derniers rejetons.

Il est un sonnet de lui à Victor Hugo, dont il nous convient de faire état pour le mieux connaître. Le voici ; il ne blessera personne :

Nul parmi vos flatteurs d'aujourd'hui n'a connu
Mieux que moi la fierté d'admirer votre gloire ;
Votre nom m'enivrait comme un nom de victoire,
Votre œuvre, je l'aimais d'un amour ingénu.

Depuis, la Vérité m'a mis le monde à nu.
J'aime Dieu, son Eglise, et ma vie est de croire
Tout ce que vous tenez, hélas ! pour dérisoire,
Et j'abhorre en vos vers le Serpent reconnu.

J'ai changé, comme vous. Mais d'une autre manière.
Tout petit que je suis, j'avais aussi le droit
D'une évolution (1), la bonne, la dernière.

Or, je sais la louange, ô maître, que vous doit
L'enthousiasme ancien ; la voici franche, pleine.
Car vous me fûtes doux en des heures de peine.

(1879)

Le déisme orgueilleux qui a pu suffire aux glorieux de ce monde ne suffit point aux âmes tendres, aux poètes qui vivent de leur art, *intimement*. Cette opposition se manifeste d'ailleurs dans tous les rangs de la société, et ce serait faire une cruelle injure aux humbles et aux faibles que d'accuser leur impuissance. S'il est vrai que

(1) Nous ne saurions nous empêcher de blâmer cette expression, peu harmonieuse et trop abstraite.

l'Eglise a condamné « la foi du charbonnier », afin de réserver le libre acquiescement de la raison à la croyance, comment ne pas voir la force qui réside dans cet abandon de la raison elle-même aux impulsions du cœur ? Comment ne pas voir que cette foi qui refuse de s'interroger et de débattre ses propres arguments exprime l'harmonie secrète de bien des natures d'hommes avec la conception religieuse de la vie, qu'elle est, en un mot, comme leur raison pratique d'être ? De là, le mouvement qui a porté un si grand nombre d'âmes, du déisme qui était un compromis, à l'ancienne foi qui est une affirmation. Que l'inconstant Verlaine soit retombé dans son péché, que ce poète, qui était un malade et un sensuel, se soit laissé reprendre par « la femme », il n'importe guère ; la note qu'il nous a donnée n'en demeure pas moins juste. Dans sa fureur même de jouissance perce le regret du repos qu'il a perdu :

O le temps béni quand j'étais ce mystique ! (1)

(1) Voyez la dernière pièce des *Chansons pour elle* :
Je fus mystique et je ne le suis plus,
(La femme m'aura repris tout entier)...
Etc.

THÉODORE DE BANVILLE

Il ne nous serait pas permis de pousser nos esquisses plus avant sans donner une page à ce poète romantique de la deuxième heure, si alerte, si pailleté dans ses vers et dans sa prose, que fut Théodore de Banville. Ce n'est pas qu'il ait prétendu à faire figure de « penseur ». Il se déclare unique amant du verbe, artiste curieux des mots et de leur sonorité, épris des formes ingénieuses et de la musique de l'esprit. Romantique, il reste fidèle au « divin Racine » ; Parnassien, il ne s'inquiète d'aucune philosophie.

« Lui, grands Dieux ! nous dit-il de Charles Asselineau (1), qui, en fait de politique, avait les mêmes idées que moi, c'est-à-dire pas du tout d'idées, et se bornait à appartenir au parti... romantique ! »

(1) Dans son livre très intéressant, *Mes Souvenirs* (Paris, Bibl. Charpentier), p. 302.

« Notre doctrine, nous dit-il encore (1) au sujet du duc d'Abrantès, était celle de l'Art pour l'Art ; nous pensions qu'en dehors de son devoir absolu qui est d'être beau, un poème n'est nullement tenu à être d'une utilité immédiate, et je suis resté fidèle à cette théorie, même après que les plus éminents esprits l'ont désertée. »

Nul attachement non plus aux pratiques religieuses, bien qu'il garde une manière de foi, qu'il exprime avec une grâce ironique, sans prendre souci de plus solides raisons (2) : « Je crois ardemment en Dieu, et je suis sans doute dans mon droit, car, ainsi qu'un de mes amis me l'expliquait fort bien, les rimeurs, êtres purement instinctifs, ne sont pas tenus à avoir autant de raisonnement que les grandes personnes, et manquent de la compréhension nécessaire pour se figurer les vastes éthers peuplés de rien du tout. Or, j'imagine que le Maître des innombrables univers, que le Berger silencieux et pensif des troupeaux d'Etoiles a besoin de tous les bons poètes dans ses bleus paradis ; car autrement, par qui ferait-il compo-

(1) P. 143.
(2) P. 443 (Henri Heine).

ser les vers sur lesquels doit être adaptée la musique des harpes célestes ? Voulant donc les appeler, sitôt qu'ils sont libérés de la vie charnelle, dans les ivresses de l'harmonie et de la lumière, leur père indulgent veut certainement, en les livrant à la Douleur passagère, les purifier ici-bas de toutes les souillures, afin que leurs corps nouveaux, faits d'une chair éthérée et subtile, puissent s'envoler tout de suite vers les jardins de diamants où fleurissent les lys flamboyants de l'immortelle joie ».

Croirait-on que ce poète aimable, qui s'affligeait des *feux*, des *nœuds* et des *princes déplorables* de la tragédie racinienne, n'ait pas prévu que le romantisme laisserait, lui aussi, une défroque dont se gausserait l'école nouvelle ? Croirait-on, surtout, que son idolâtrie pour le Maître, dont on voulait alors que le front touchât l'Olympe, le rendît injuste envers ce poète de race qu'était Samain, assez audacieux pour écrire des vers sans avoir lu jamais les *Feuilles d'Automne* ni les *Orientales?* Mieux eut valu le louer de cette franchise. Banville cuistre, quel paradoxe !

JOSÉPHIN SOULARY, LOUIS BOUILHET, JEAN LAHOR, LÉON VALADE

Enfin sort des brouillards un rhéteur allemand
Qui, du philosophisme achevant la ruine,
Déclare le ciel vide et conclut au néant.

Il est clair que Musset n'avait pas lu Kant, quand il écrivit ces vers. Nous ne l'en blâmerons point. Ce malheureux Kant ne se reconnaîtrait guère aux divers personnages qu'on lui fait tenir. Sa position à l'égard des grands problèmes de Dieu et de l'âme n'était pas si nouvelle, en somme, qu'il peut sembler d'après sa dialectique et sa terminologie assez pesantes. Ces mêmes notions de Dieu et de l'immortalité de l'âme (1), dont il refuse d'accepter les preuves ordinaires, lui appa-

(1) Ajoutons, de la *liberté* humaine, dont les poètes s'embarrassent moins que les philosophes.

raissent néanmoins comme nécessaires à la vie morale ; sa critique les maintient comme des « postulats » de la raison pratique. Et fait-il, en ceci, rien d'autre que n'avait fait Pascal ? Ne retrouvons-nous pas, sous cette nouvelle forme, le « Dieu sensible au cœur » (1) de ce Pascal, qui fut le plus audacieux des penseurs, quand il voulut être le plus rigoureux des apologistes ?

Nous ne pensons pas que Kant, ni même Hegel ou tel autre métaphysicien d'outre-Rhin, ait eu d'influence directe sur aucun de nos poètes. A peine leur cerveau a-t-il absorbé quelques gouttes du vin capiteux de Schopenhauer. La philosophie de Schopenhauer souffrait d'être accommodée en langage ordinaire ; puis, elle procédait en partie de philosophies antérieures, et le silence de la science à l'égard des inductions métaphysiques laissait la voie ouverte aux rêves des vieux âges comme aux aventures de l'imagination.

Le génie français ne s'y engagea jamais à fond. Moins hardi peut-être, mais plus simple, il en

(1) Le *cœur,* source d'action pourtant plus profonde, plus abondante que la *raison pratique.*

resta le plus souvent à la période d'incertitude et de curiosité.

Le doute, plusieurs l'ont exprimé avec quelque force. Parmi les sonnets, trop cherchés, de Joséphin Soulary, un des meilleurs porte justement ce titre. Humble nain que je suis, écrit-il, le vertige me prend dès que mon regard s'aventure à plonger dans le mystère :

Aussi, las d'agiter l'énigme sans comprendre,
N'osant ni trop vouloir, ni pas assez prétendre,
A la garde de Dieu, je vais peu m'importe où,

Indifférent au sort, pareil à cet homme ivre
Qui, vaguant dans la nuit, culbute au premier trou,
Sans plus se voir mourir qu'il ne s'est senti vivre.

Ce n'est plus le doute anxieux des romantiques de la première heure, mais un doute tranquille où le cœur a moins de part que le raisonnement. Soulary n'avait pas le haut vol de ses devanciers ; il garde pourtant sa valeur et sa portée.

Ce livre, écrira-t-il dans la suite plus âprement,

Ce livre est le scrutin d'une âme ballottée
Entre la raison morne et la foi révoltée.

. . . .

J'implorais un bras fort qui pût me soutenir ;
Mais les porteurs de croix ont tant gâté ce rôle !
Le bon Cyrénéen passe en haussant l'épaule,
Et la femme au mouchoir pieux craint de ternir
Son fin linge aux sueurs d'un Christ qui n'est que drôle.

Même indifférence, sinon même mépris, pour les misères de la politique. Voici pourtant qu'il écrit, après Sadowa :

Hélas ! nous sommes nés en des jours violents !
Le Passé tombe après s'être ouvert les deux veines,
Et le Présent nourrit de lâchetés malsaines
L'Avenir au maillot dont il corrompt les flancs !
Meurent les seins féconds et les mamelles pleines !
Nos fils boiront la honte et les affronts sanglants ;
On les verra traîner sous des cieux insolents [chaînes.
Leurs fronts lourds de mépris et leurs bras lourds de

Les merveilles tant vantées de la science ne le consolent ni d'avoir perdu la foi ni de voir sa patrie humiliée. Il a déjà cette horreur, commune à la plupart des artistes, de l'industrie qui nivelle tout, qui enlaidit tout :

Le soleil blêmira dans l'air chargé de suie,
La mer aura l'odeur d'un palus empesté,
L'Orient sera mort, et la Société [nuie ! »
Bâillera : « Suis-je heureuse ! Ah ! Dieu ! que je m'en-

Il est une pièce de Louis Bouilhet, *La Colombe*, qui appelle ici notre attention. Si la langue poétique de Bouilhet n'a pas toujours été assez forte, assez soutenue, le poète fut un homme instruit et réfléchi, et le symbole où sa pensée s'exprime dans cette pièce ne manque pas de grandeur. L'Empereur, — cette haute figure personnifie ici le monde ancien, — porte ses pas, à la nuit tombante, vers un vieux temple isolé : il y voit, des ombres du sanctuaire, sortir un vieillard qui cache dans sa robe blanche une colombe et, dernier prêtre des dieux, apporte sur le dernier autel cette dernière victime. Et l'Empereur pleura, dit le poète,

Et l'Empereur pleura, car son rêve était mort.

Il pleura jusqu'au jour, sous cette voûte noire.
Tu souriais, ô Christ, dans ton paradis bleu,
Tes chérubins chantaient sur des harpes d'ivoire,
Tes anges secouaient leurs six ailes de feu.

. . . .

Mais tu ne savais pas le mot des destinées,
O toi qui triomphais près de l'Olympe mort ;
Vois : c'est le même gouffre... Avant deux mille années
Ton ciel y descendra, — sans le combler encor !

Tu connaîtras aussi, ployé sous l'anathème,
La désaffection des peuples et des rois,
Si pauvre et si perdu que tu n'auras plus même,
Pour t'y coucher en paix, la largeur de ta croix !

Ton dernier temple, ô Christ, est froid comme une tombe ;
Ta porte n'ouvre plus sur le vaste Avenir :
Voilà que le jour baisse et qu'on entend venir
Le vieux prêtre courbé qui porte une colombe.

Cette étape franchie, nos poètes arrivent aisément à la conclusion extrême de cette crise mentale : le goût du néant, la volonté du non-être. Et c'est ici que l'influence de Schopenhauer a pu s'exercer sur eux, en attendant que la pensée incohérente de Nietzsche trouvât à son tour, grâce à l'inquiétude des esprits, quelques dévôts. Jean Lahor (1), qui fut un savant, un érudit, a pratiqué l'œuvre de Schopenhauer ; encore s'inspirait-il plutôt d'une connaissance directe de la philosophie hindoue, par quoi il se rattacherait à Leconte de Lisle et serait un des promoteurs de ce courant oriental qui reste visible dans la littérature française la plus récente.

(1) Dr Henry Cazalis.

Etoiles, floraison de cet arbre géant,
Qui ressemblez aux yeux terrestres de la femme,
Fleurs brûlantes du ciel, je songe à ce néant
Où vous vous éteindrez aussi, comme mon âme !

Le titre même du recueil d'où ces vers sont extraits, *l'Illusion*, est assez significatif.

Les êtres, pour le Sage, ont l'aspect de fantômes ;

lisons-nous encore dans *les Quatrains d'Al-Ghazali*,

Vaine agitation de forces et d'atomes,
Un mouvement sans but tourmente l'univers,
Que sans but réfléchit l'eau calme de mes vers.

C'est de beau langage et de très haute pensée (1).

D'un autre poète, Léon Valade, que nous choisissons parmi plusieurs, nous citerons ce sonnet :

(1) L'*Histoire de la littérature hindoue* (*les grands poèmes religieux et philosophiques*), donnée par Jean Lahor en 1888 (Charpentier, éd.), le fera mieux connaître à nos lecteurs, et, avec lui, d'autres qui furent séduits à cette doctrine du Bouddha, qui leur apparut, en son fond, comme un christianisme positiviste, autant qu'à cette philosophie védantiste qui trouva la paix dans la conscience de l'identité de l'âme humaine avec l'âme divine.

D'abord, lorsque l'on croit que c'est un bien de vivre,
Avide et d'un désir infini tourmenté,
Notre cœur a besoin de l'immortalité
Que, Védas ou Coran, promet tout divin livre.

Plus tard chancelle en nous le dogme contesté,
Et s'il tombe, entraînant l'espoir qui nous enivre,
Du combat que le Doute à nos croyances livre
Tu sors victorieuse, ô froide Vérité.

A ta victoire, après de longs jours d'amertume,
La résignation lente nous accoutume.
L'âge vient, le sépulcre est sous nos pieds, béant.

Mais alors, loin de fuir le repos, on l'embrasse ;
Et les vains paradis n'ont plus rien que n'efface
L'attrait vertigineux et sombre du Néant.

FRANÇOIS FABIÉ. — GABRIEL VICAIRE

Donnons un souvenir, au passage, à ces deux poètes, François Fabié, Gabriel Vicaire.

Fabié appartient à la forte race aveyronnaise. Il est de souche rustique ; il se dit fils de la Révolution. Son regret des vieilles mœurs, des vieilles croyances, n'en sera pour nous que plus sincère, sa haine pour les horreurs de la civilisation industrielle plus éloquente. Relisez *Les Vieux Chemins*, une belle pièce qu'il dédiait à son illustre compatriote, à Mounet-Sully !

D'une autre pièce, *La Houille*, je retiens ces vers ;

Pourquoi Caïn toujours, pourquoi toujours Abel ?
Pourquoi la moderne genèse
A-t-elle, comme l'autre, un damné sans appel
Hurlant au fond de la fournaise ?

Vicaire, le poète bressan, est un délicat. Sa poésie a de l'aisance, de l'enjouement. Qu'on me permette de relever ces strophes dans *Les Cloches du Pays*, pièce dédiée à Sully Prudhomme :

Combien je vous aime, ô voix argentines,
Cloches du pays, sœurs de mes vingt ans !
Ave Maria, laudes et matines,
Combien mon cœur bat quand je vous entends !

Aux jours bienheureux de ma prime enfance,
Quand j'étais encor timide et pieux,
Mon sommeil était sous votre défense,
Et vous me faisiez des rêves joyeux.

. . . .

Oh ! qui me rendra l'étoile des mages ?
Où donc croît encor le rameau bénit ?
Quand reviendrez-vous, antiques images,
Visions d'amour, rêves d'infini ?

. . . .

Infiniment douce, infiniment tendre
Est votre chanson de chaque matin ;
Et moi, l'oublieux, rien qu'à vous entendre,
Je retrouve encor un peu de latin ;

Un peu du latin de l'hymne à Marie,
Que disait ma mère en vous écoutant,
A l'heure de paix et de rêverie
Où la lune rose était sur l'étang.

Il me plaît de recueillir ces rappels des émotions du premier âge. L'accent en demeure, dans tous nos poètes, très touchant ; parfois même, ce sont presque les mêmes mots. Mais voici que, dans le *Cimetière de Campagne*, à Ernest Renan, Vicaire enveloppe d'une ironie douce la cruelle figure de la mort :

Et, sous la mousse et le thym,
Près des arbres de la cure,
J'ai marqué la place obscure
Où, quelque matin,

Quand dans la farce commune
J'aurai joué mon rôlet,
Et récité mon couplet
Du clair de la lune,

Libre enfin de tout fardeau,
J'irai tranquillement faire
Entre mon père et ma mère
Mon dernier dodo

Point de sombre appel au néant. Rien de tragique. C'est d'un scepticisme un peu triste, mais qui s'efforce à sourire.

Dans *Les Rois Mages*, dans *La Tristesse de la Vierge*, on retrouve la même finesse de sentiment, quelques touches exquises, le parfum encore pénétrant du sentiment religieux qui s'évapore.

VICTOR DE LAPRADE. — ACHILLE MILLIEN
HENRI BEAUCLAIR
FRANÇOIS COPPÉE. — VILLIERS DE L'ISLE-ADAM

Plus jeune de vingt ans que Lamartine, Victor de Laprade fut un de ses suivants. et, nous semble-t-il, le plus remarquable. Comme Lamartine, mais sans y avoir failli jamais, il appartient à la tradition catholique et monarchique. A peu près oublié qu'il est des générations nouvelles, il eut pourtant son heure de gloire ; son inspiration fut haute ; il demeure enfin, dans les agitations tumultueuses du siècle dernier, l'un des plus fidèles représentants de la pensée politique et de la pensée religieuse qui avaient assuré jusqu'à ce jour les destinées de la France.

Ceux que nous pourrions nommer les poètes de terroir ont conservé, d'ordinaire, ce même respect de la tradition et l'attachement aux vieilles coutumes. Leur instinct d'artistes les y porte ; l'art demeure, quoi qu'on veuille, une puissance conservatrice. Eloignés qu'ils sont des rumeurs de la grande ville, restés au milieu du peuple laborieux des campagnes, les fidèles de la glèbe ou de la mer (1) gardent une conscience plus nette des besoins permanents de l'homme et des conditions qui préservent sa santé morale ; ils peuvent constater à chaque pas le danger des déclamations violentes qui ravagent les cœurs et troublent les cervelles.

Notre sombre gaîté,

écrit, par exemple, Achille Millien, le poète nivernais,

Notre sombre gaîté sonne faux. Aujourd'hui
Que nous errons sans but, privés d'espoirs suprêmes,
Inquiets, défiants de tous et de nous-mêmes,
Le rire, sous un vent d'âpre amertume, a fui.

Un autre poète, un Normand celui-ci, Henri Beauclair, écrira :

Vous aviez l'esprit clair, ô subtils paysans !
Vous ne prononciez pas de phrases inutiles...
C'est à vous que je dois d'avoir pu, dans les villes,
Parmi tant d'agités garder quelque bons sens.

(1) Ainsi Théodore Botrel, le chansonnier le plus populaire de nos jours.

Le mouvement littéraire, au cours du second Empire, affecta le plus souvent un caractère anti-impérialiste, et tout à la fois anti-religieux, ou plutôt anti-chrétien. C'est un fait curieux à noter que la réaction libérale ou républicaine, — car ces deux qualifications passaient alors pour équivalentes, — entraînait chez beaucoup de jeunes écrivains une animosité violente, en particulier, contre le catholicisme, bien qu'on eût pu signaler dans le même temps une imprudente opposition du parti catholique au régime impérial. Si la politique romaine de l'Empire avait détaché les catholiques de ce régime ondoyant et mal affermi, sa politique intérieure avait blessé les libéraux, et la révolte des esprits menaçait du même coup l'autorité religieuse, qui semblait complice de l'autorité politique.

Il a fallu les erreurs et les violences malhabiles de nos gouvernants pour ramener à l'Eglise bien des sympathies qu'elle avait perdues. Et c'est à l'Eglise qu'a servi l'arme qu'on avait forgée contre elle.

Cette sorte d'oscillation entre des tendances qu'on jugerait volontiers étrangères l'une à l'autre nous laisse entendre qu'il existe, au fond, des liens étroits entre la foi politique et la foi religieuse : une étude attentive de l'histoire nous le montre, par ailleurs, assez clairement, dans le présent aussi bien que dans le passé. Aucun peuple n'a vécu, jusqu'à ce jour, sans une croyance ou une passion, fût-ce la plus détestable.

L'esprit basochien fut, de bonne heure, l'esprit frondeur ; puis, il devint l'esprit révolutionnaire ; aujourd'hui triomphant, on le voit trop sacrifier l'action aux vains succès de l'éloquence (1). Le souci de l'intérêt public devait porter nombre d'hommes à rechercher la discipline où ils espéraient la trouver encore ; et c'est là une des raisons majeures des « conversions » que nous avons vues s'accomplir autour de nous.

La conversion de Coppée nous en offre, je crois, un bel exemple. Si le besoin d'une foi religieuse ramena Coppée à la religion de son enfance, cette foi lui apparut aussi comme une condition de notre existence nationale : il sentit, sans qu'il en eut peut-être claire conscience, la négation

(1) L'heureuse issue de la guerre ne dément pas ce jugement ; elle le confirme.

comme une insécurité. On a beaucoup médit du poète, autant qu'on l'avait loué ; on lui reproche un caractère trop bourgeois, une sentimentalité un peu mièvre, une facture trop molle. Il n'en demeure pas moins un poète probe et délicat. Sa poésie est toujours faite de douceur, en dépit des cruautés assez factices de son théâtre. L'intérêt même qu'il accorda aux « humbles » témoignait de la vigueur d'une âme chrétienne, déjà formée par les impressions de ses années premières dans la modeste famille du vieux Paris où il était né.

C'est dans les articles dont son volume *La Bonne Souffrance* est composé qu'il convient de suivre le chemin de cette crise morale qui lui fut douce ; dans la Préface surtout. Le ton en est élevé ; il est simple à la fois, il est touchant. Plus encore, il apparaît une véritable grandeur dans l'humilité où le poète veut se tenir. Et ce ne fut pas seulement un vain retour de l'esprit, ou une sorte de séduction du cœur, ce fut une foi ardente, une foi qui passa dans les actes, qui s'employa sans réserve.

Nous ne dirons pas que Villiers de l'Isle-Adam

eut la même foi, entière et soumise. Son attitude est différente et nous semble très significative.

Si Villiers fut surtout un prosateur vigoureux, un conteur original, il resta toujours un imaginatif et un poète. Il a lu autant qu'on peut lire et puisé à pleines mains dans la science et dans la philosophie. Positif et mystique tout ensemble ; doux et cruel, rêveur et satirique ; confiant et timide ; méconnu et malheureux, parce qu'il n'est pas l'homme de son temps, ou qu'il ne s'y veut point accommoder ; compromis par ses rares qualités autant que par ses étrangetés ; nature irrégulière, si l'on veut, et incomplète, mais spontanée, fulgurante, il nous apparaît une des plus curieuses figures du monde littéraire, si mêlé, si trouble, du second Empire. Il se détache sur son milieu en assez haut relief. Il est ce qu'il est, parce qu'il a de la race ; et c'est le juste orgueil de son nom, c'est un sentiment dédaigneux des vilenies qui le blessent, et comme un instinct qui lui viendrait des âges héroïques, qui le font chrétien en religion, royaliste en politique.

La métaphysique allemande, dont il est féru (l'hégélianisme troublait en ce temps Proudhon lui-même), l'occultisme, où il se laissa tromper,

n'empêcheront pas Villiers de se tenir au Christianisme, d'un acquiescement respectueux, sinon d'une foi étroite. C'est à Solesmes, lisons-nous dans l'étude de Fernand Clerget (1), auprès des Bénédictins, qu'il entrevit « la grandeur poétique et symbolique de la religion catholique ». C'est par son haut symbolisme, écrivait E. de Rougemont (2), que la religion catholique l'attira, et aussi « parce que c'était la foi traditionnelle et ancestrale ».

« Foi pour foi, avait déclaré nettement Villiers lui-même, s'il faut choisir, il me paraît plus sage de garder une croyance natale... Cette foi court dans mes veines, je choisis de rester chrétien. »

Breton comme Renan, il déteste en Renan l'historien fautif et les reniements timides. Il ne se laisse pas séduire au dilettantisme encore élégant des nouveaux maîtres. Ce novateur est un traditionnaliste : il rejoint Laprade, et il devance Coppée.

(1) *Villiers de l'Isle-Adam*. Paris.
(2) Cité par Clerget.

FRANCIS JAMMES. — CHARLES GUÉRIN

Francis Jammes voudra bien nous pardonner de ne pas accepter sa poétique ; ils ne l'acceptaient pas non plus, ou du moins ils ne la suivaient pas, cet Albert Samain qu'il a pleuré si noblement et si tendrement, ce Charles Guérin qu'il n'a pas moins aimé et qu'il nous fait mieux connaître.

Mais que Jammes soit un vrai poète, qu'il le soit par le sentiment, par la couleur, par le goût et le parfum de sa terre d'Orthez, nul ne le contestera. Sa langue trahit un pur artiste ; j'oserais dire qu'elle nous montre, dans la prose même, ses plus belles qualités. Au demeurant, ce n'est point à titre de critique que nous l'étudions et le classons, lui vivant, dans ce cortège de morts illustres ou dignes du moins qu'on garde leur souvenir. Jammes nous apporte un nouvel exemple, un exemple significatif de ces poètes revenus de premiers entrainements à leur pays et à leur foi religieuse.

Par ce qu'elle garde de tendresse et de familiarité, de limpidité et de symbolisme, de rusticité et de charme, sa religion nous rappelle presque celle d'un François d'Assise : les fleurs, les oiseaux parlent par sa bouche ; il vit dans l'intimité des choses ; et ce poète, qui poussa parfois jusqu'à l'outrance ses crudités de langage, ne laisse pas que d'être, à ses heures, suave et fin autant qu'on le peut être.

Ce croyant qui sait beaucoup et ne prend jamais le masque d'une fade dévotion, sait garder aussi une humilité, nous dirions presque une puérilité qui rafraîchit, qui repose.

Jammes connaît la vie ; et il ne la farde point. Si le « vice littéraire » ne l'eut point touché, combien n'eût-il pas été supérieur à sa présente renommée ! (1)

(1) Sa *Brebis égarée* est un admirable drame « évangélique ». Le poète adressait à son interprète, Mlle Gladhys

Parmi d'autres poètes demeurés chrétiens et catholiques, il en est un que Jammes nous a présenté lui-même, ce Charles Guérin que nous nommions tout à l'heure. Une fin prématurée n'a pas permis à celui-ci de se donner tout entier ; mais son rang est marqué dans nos esquisses. Ce poète que le doute avait touché, ce poète doux et triste de Lorraine a goûté, lui aussi, ces

Soirs purs où, délivré du vain bruit de la terre,
Cet homme qui cachait son rêve par pudeur,
Se trouvant seul avec la solitude austère,
Mesure enfin son âme et connaît sa grandeur.

Gloire à toi, chante-t-il,

Gloire à toi dans l'éther lumineux, dans la nuit,
Dans le cristal, dans l'eau, dans l'insecte, limon

Maxhance ces vers qui sont une sorte d'exhortation exquise :

Vous croyez connaître l'amour,
Parce que vos yeux sont dorés ;
Pourtant vous ne verrez le jour
Qu'à l'heure où vous les fermerez.

J'ai cueilli parmi ces clairières
Pour vous un rameau de laurier ;
Brebis, avant que vous mouriez,
Trouvez-lui un goût de prière.

Universel par qui l'humaine créature
Rejoint son Créateur à travers la nature !

« Tel, écrit Jammes, encore inconnu, un soir, il heurta à ma porte, passant divin qui entonnait en mon honneur le plus beau de ses hymnes, tel je le retrouvai bien plus tard fidèle à son amitié :

Mais que nul de nous deux, malgré l'âge, n'oublie
Le jour où fortement nos mains se sont unies.

Et, aujourd'hui, de nos deux cœurs, le mien demeure seul. Qu'il soit l'urne funéraire et jalouse de ce *Semeur de cendres.*

. . . .

C'est la dépêche que j'ai reçue de ce père qu'il aimait tant, et qu'il me représentait comme l'un de ces chefs antiques et justes dont l'autorité est pleine d'une tendre sollicitude. Leurs conversations les plus cordiales étaient toujours empreintes des formes solennelles qui, dans la Bible, s'établissent entre le père et le fils. La tradition catholique n'a jamais cessé de régir cette grande Maison. Et sur les rêves des jeunes filles faisant du crochet dans le parc, et sur les jeux de son frère, et sur les *Mélancolies passionnées* de ce *Cœur solitaire*, jamais l'aile des angélus ne passa sans s'incliner... »

GEORGES RODENBACH
IWAN GILKIN

Rodenbach fut un de ces beaux et vrais poètes dont s'honorent les *Frances littéraires de l'Etranger*. Il débuta néanmoins assez faiblement. Expressions trop subtiles, prosodie un peu laissée au hasard, assonances fâcheuses, heurts et images mal assorties, abus de termes pris à la science ou de mots détournés de leur sens, ces fautes, qui gâtaient les *Vies intérieures*, s'atténuent ou disparaissent avec les *Tristesses*.

Deux pièces significatives retiennent notre attention dans ce dernier recueil : *Aux vêpres*, *L'Infini*. Voici la page que nous cherchons toujours, la page attendrie où le poète revit pour une heure sa pieuse enfance :

Je rêve au temps lointain quand, simple et doux d'esprit,
Ma mère, en me couchant sur ses genoux, m'apprit
A tenir pour prier mes petites mains jointes ;
Quand plein d'un tendre émoi je marchais sur les pointes

De mes pieds vers la place où je devais m'asseoir,
Et que mon cœur d'enfant comme un chaste encensoir
S'exhalait dans l'église étroite où rien ne bouge,
Les jours que je servais la messe en robe rouge!...

Un rayon du soleil couchant, poursuit le poète, brille encore dans les vitraux

Et les fait resplendir quand tout s'est obscurci ;
Et je me dis alors que dans mon cœur aussi,
Qui n'a plus ses élans et sa ferveur première,
Dieu pourtant glisse encor son rayon de lumière.

Comme toi, plus que toi, criera-t-il à Mme Louise Ackermann dans *L'Infini*, nous avons souffert ; mais c'est trop désespérer et maudire.

Eh bien, non ! je veux croire et prier et me taire ;
Dieu m'a mis son image au cœur en me créant,
Et quel que soit le deuil, quel que soit le mystère,
Avec elle je veux me sauver du néant.

Et le poète termine en disant, avec Pascal,

C'est par le cœur qu'on apprend Dieu !

Citons encore, pour leur belle qualité, ces quelques vers du *Béguinage flamand*, dans *La Jeunesse blanche* :

. . . .
Cependant quand le soir douloureux est défunt,
La cloche lentement les appelle à complies,
Comme si leur prière était le seul parfum
Qui pût consoler Dieu dans ses mélancolies !

Tout est doux, tout est calme au milieu de l'enclos ;
Aux offices du soir la cloche les exhorte,
Et chacun s'y rend, mains jointes, les yeux clos,
Avec des glissements de cygne dans l'eau morte.

Elles mettent un voile à longs plis ; le secret
De leur âme s'épanche à la lueur des cierges !
Et, quand passe un vieux prêtre en étole, on croirait
Voir le Seigneur marcher dans un jardin de Vierges !

Jamais note plus discrète, sentiment plus délicat des nuances. C'est une poésie baignée de dévotion, d'une dévotion peut-être imprécise, mais dont le rayon éclaire l'âme, quand il ne la conduit plus.

Venons au *Prométhée* de Iwan Gilkin (1). C'est une œuvre des plus intéressantes. Il serait vain de

(1) *Collection des poètes français de l'étranger*, publiée sous la direction de M. Georges Barral. Paris, Fischbacher, 1899.

chicaner le poète sur ses licences prosodiques — retour fréquent à l'assonance, brisures irrégulières, etc. L'essentiel est que l'inspiration reste poétique. Les seules fautes dont nous soyons vraiment choqués sont les péchés qu'il lui arrive de commettre contre la musique. S'il ne se laisse point aller à rompre entièrement « la stabilité rythmique », comme il reproche aux poètes symbolistes de le faire trop souvent, il nous paraît parfois difficile de saisir la raison de ses changements de rythme et la valeur de ses sonorités. Certaines expressions sont aussi un peu vulgaires. Mais laissons ces critiques et voyons l'ouvrage.

Gilkin emprunte à Eschyle : il ne le répète pas. Laissant au vieux mythe ses traits généraux, il en élargit le cadre et s'efforce d'en préciser la pensée. Son Prométhée, c'est toujours le génie insatiable de l'homme, la révolte contre la nécessité, l'héroïsme qui accepte la douleur sans se soumettre ni s'avouer jamais vaincu. Plus expressément encore, il est ici le « créateur » : le grossier Titan qu'il sait être se souvient vaguement d'avoir déjà vécu ; mais il se sent appelé à progresser indéfiniment. Ces statues qu'il modèle de ses doigts, c'est l'être nouveau qu'il veut faire venir à la lumière, l'être qui sera plus beau, plus parfait qu'il n'est lui-même. Sa Pandore, la plus accomplie de ses créations, c'est dans un baiser passionné qu'il lui donnera enfin la vie, et, avec elle, à toute cette humanité qu'il avait pétrie de ses mains sans réussir à l'animer de son souffle.

Chacune des figures qui traversent le drame a son sens et son action. Minerve, la Sagesse créatrice, y apparaît comme dans l'ébauche de Goethe : elle chérit Prométhée ; elle lui enseigne que toute la vie est dans l'amour et lui laisse cet avertissement, où s'annonce la signification du mythe, qu'il est vain de maudire Jupiter, et qu'il ne le connaît pas.

Ces jeunes hommes que le poète conduit vers Prométhée dans sa solitude sont les fils énergiques, les élus en qui continue de vivre son âme, sa soif d'invention et de liberté : parmi eux, ce Sophoclès adolescent, qui représente la joie de l'art s'alliant au respect des dieux :

J'ai conformé mon âme, oiseau léger qui passe,
A leur profonde volonté...

Tes pareils, lui répond le dieu malheureux, tes pareils sont les fleurs de l'espérance humaine ;

mais il faut les lourdes peines des autres hommes pour leur permettre de s'épanouir au soleil,

Et ton rare bonheur n'est lui-même qu'un piège
Que la ruse de Zeus nous tend.

Instruit par Minerve, Prométhée a donné à ses fils la vie, qui pleure dans la souffrance ; il leur a donné le feu et l'industrie, qui ont engendré la servitude ; il leur a donné la religion, qui est devenue un mensonge. De tous ces maux, il accuse la malice de Jupiter ; son orgueil insulte au dieu jaloux. Ses propres fils le méconnaissent et l'oublient.

Io passe dans ce drame comme dans celui d'Eschyle. Elle y symbolise l'infini du désir, la brûlure de la passion jamais assouvie : les souffrances de cette infortunée, qui fuit par le vaste monde, ne prendront fin qu'avec le supplice de Prométhée lui-même.

Les Océanides du tragique grec, c'est, ici encore, la pitié courageuse, mais faible et soumise. Epiméthée, c'est l'obéissance sans la fierté, c'est l'humanité vulgaire et lâche.

Mais voici, dans les cieux étoilés, le mystérieux

Hermès : Hermès, l'envoyé de dieu, qui apporte avec lui le mouvement et le changement.

Dans les abîmes de l'espace
Insondables à la pensée,
Agile et fluide, je passe
En agitant mon caducée.

Et tout circule, tout s'enchaîne, tout s'échange, tout engendre, tout s'écroule, par la volonté de Zeus, en attendant que tout rentre « en sa paternelle unité ».

Voici enfin Zeus lui-même, ce Zeus dont Eschyle nous dit qu'il est l'éther, qu'il est la terre, qu'il est le ciel, tout ce qui est au-dessus et qui enveloppe l'univers. Dans notre monde actuel, il est la nécessité, la dure loi, la contrainte matérielle qui pèse sur les hommes ; il est la « réaction formidable » qui prend la figure de Némésis, contre laquelle se dresse la pensée indomptable du Titan. Ce Zeus, qui parle « dans l'infini », c'est le monde même, l'Unité d'où tout vient, où tout arrive, la suprême force qui enferme le Destin :

Tu crois, Titan, que tu me braves,
Et tu n'es qu'un peu de moi-même.

Courage sans cesse irrité,
Ame brûlante et généreuse,
Qu'es-tu, sinon ma volonté,
Ma propre force aventureuse ?

Je suis le ciel ; je suis l'immense azur peuplé
D'astres insoupçonnés, d'étoiles inconnues...

. . . .

Je suis l'ordre et je suis la révolte...

. . . .

Je suis l'amour, je suis la haine ; en moi je sème
Et je détruis ; en moi tout vient et tout s'en va ;
Je suis tout ce qui est, qui fut et qui sera,
Et seul par-dessus Tout, je suis l'Unité même.

. . . .

Bulle d'écume sur la vaste mer, tu n'es,
Titan, que l'un de mes plus infimes aspects.
Le feu que tu volas, c'est moi...

. . . .

Le vautour affamé qui rongera ton foie,
Le rocher et ta chair, c'est moi, c'est toujours moi !

Quand l'Un se fit plusieurs, il déchira son être,
Et l'Unité sous mille aspects dut disparaître.
Mais ce n'est là qu'un rêve ; et la réalité
Unique, c'est toujours l'éternelle Unité.
Le mal n'est que le choc entre mes apparences...

. . . .

Je t'aime, ô fier Titan, car moi-même je m'aime :
Je suis ton être et ton néant ; va, maudis-moi,
Tu me retrouveras un jour au fond de toi.

Prométhée, nous le verrons affranchi à la fin, après que la douleur l'aura purifié : il comprendra alors ce Zeus qu'il a maudit ; il se sentira participer à sa nature immortelle. Et ce drame, où a passé la souffrance humaine, la révolte de l'esprit et le désenchantement de vivre, s'achève dans l'espérance.

Telle est devenue, sous la plume du poète, l'antique conception panthéiste, reprise d'ailleurs ou interprétée par Schelling et par les hérauts allemands du pessimisme. Nous n'avons point à la discuter ici (1). Peu nous importe la fragilité de cette hypothèse de l'Un et du Plusieurs et du déchirement de l'Etre. Il nous a paru intéressant de la retrouver sous la figure d'un drame moderne, et l'on ne s'étonnera point que le vieux mythe grec s'y adapte à merveille, toute métaphysique étant déjà, par elle-même, une manière de poésie.

(1) Je me permets de renvoyer le lecteur à mon article déjà ancien, paru dans la *Revue philosophique*, n° de juin 1885, sous le titre de *La Philosophie de la Rédemption d'après un Pessimiste*.

J'extrais d'une lettre personnelle de Gilkin ce court passage : « J'aime beaucoup la forme que vous avez donnée à votre conclusion, bien que je ne sois pas tout à fait certain, *théoriquement*, de la « concordance de notre logique avec la raison générale de l'univers ». *Pratiquement*, je veux bien : mais n'est-ce pas un peu l'hypothèse atomique de la philosophie et ne faut-il pas se contenter ici d'une haute probabilité ? ».

Cette juste distinction du *théorique* et du *pratique* ne conviendrait-elle pas, de même, à la conclusion morale du drame de Gilkin ?

ALBERT SAMAIN

Le XIXe siècle se ferme sur le nom d'Albert Samain. Artiste exquis entre les meilleurs, Samain passa presque inaperçu, et l'on peut prévoir qu'il ne sera jamais « populaire ».

La popularité ne donne pas la mesure du talent ; il arrive même qu'elle en dénonce la grossière qualité. Certains poètes ont feint de mépriser le succès, en même temps qu'ils le recherchaient ; d'autres ne l'ont point obtenu, quand ils l'auraient mérité. Et c'est un aspect curieux de notre temps, que les poètes, après les grands jours de la période romantique, se soient retirés peu à peu du commerce de la foule, qu'ils aient dédaigné les passions où elle se prend pour s'enfermer dans l'intimité de leur moi. Il semblait que l'art, qui avait été une gloire, fût devenu pour eux un refuge, qu'ils y cherchassent l'oubli de cette société nouvelle, où les hautes têtes se voient mises au niveau des médiocres ; et, pour quelques-uns, ce n'était que l'effet d'un juste orgueil, une défense contre les fièvres malsaines de la politique et de la fortune.

D'autres ont passé le but : une poursuite presque maladive de l'inattendu et de l'incompréhensible les a fait sortir des conditions mêmes de leur art. Il parut un moment que le génie français, étourdi de vaines admirations, en fût venu à se renier lui-même ; on exaltait sans mesure des qualités qui ne sont pas les nôtres, on rabaissait celles qui ont assuré notre grandeur.

Samain fut à peine touché de ce vertige. Peut-être porta-t-il la peine d'avoir gardé son bon sens dans le tumulte des coteries où il se trouvait jeté. Sa timide réserve comportait trop de fierté pour qu'il se livrât à des camaraderies de passage ; sa liberté de penser trop de noblesse pour qu'il se complût en une impiété facile ; son sentiment de l'art trop de profondeur pour qu'il ne se gardât point du verbiage à la mode. Il s'était fait une poétique solide par l'étude personnelle de ses maîtres ; une force de résistance dans la solitude de sa vie ; une tenue morale sous les étreintes du mal qui devait le prendre en pleine maturité.

Son génie reste celui de sa race : son classicisme renouvelé en reflète les divers aspects, et l'on dirait qu'il a résumé, en son œuvre pourtant si courte, un siècle littéraire tout entier (1). On a pu noter ses attaches avec Chénier, avec Lamartine, avec Vigny, avec Musset, avec Hérédia, avec Poë, avec Baudelaire. Nature fine et sensitive, il garde des romantiques l'émotion, le frémissement de l'âme ; et son romantisme l'éloignera bientôt de l'école parnassienne, comme son bon sens le retiendra de se donner tout entier à l'esthétique du symbolisme. Des Parnassiens, il a partagé pourtant le pessimisme, sinon l'attrait du néant, et ses affinités avec les symbolistes font de lui le plus haut représentant de l'école psychologique en littérature.

De même qu'il a vécu, pourrait-on dire, toute la littérature de son siècle, il en a vécu les doctrines et traversé, par le sentiment, toute la philosophie. Samain est essentiellement « artiste ». Il ne prétend point à être un penseur « avec des

(1) Je trouve la même appréciation dans le livre de Léon Bocquet, *Albert Samain*, publié par le *Mercure de France* : ouvrage excellent, auquel je ne saurais ajouter que quelques traits.

mots » : la situation de sa pensée est celle de son inspiration. Enclin d'abord à se soumettre aux exigences d'un dogme, il cède ensuite à l'impulsion qui lui vient du milieu parisien, si différent de sa province flamande. Il assiste à la ruine de ses croyances ; il souffre « des souvenirs qu'il abandonne et de ses espoirs sans assise ». Puis, la vie solitaire où il se confine, dans la nécessité d'un labeur ingrat, le ramène à ces souvenirs et lui en fait mieux sentir la douceur :

Un jour, on est parti. Paris, la ville d'or,
Vous attirait avec sa flamme et sa lumière...
. . . .
On part... Mais on emporte en l'âme, tout entière,
La douceur du passé, la maison familière,
Et l'on garde ces vieux bonheurs comme un trésor.

Alors, les soirs d'automne et de mélancolie,
On pense au vieux clocher, on songe, on se replie,
On écoute jaser son cœur au coin du feu... (1)
. . . .

Théologies, histoires des religions, travaux dogmatiques, il lit tout et ne parvient point à

(1) Ce sonnet n'a pas été retenu dans l'œuvre publiée.

acquérir une certitude, à se munir d'une foi. Un des premiers en France, il a lu Nietzsche, et ce n'est certes pas l'âme de Nietzsche qui pouvait donner la paix à la sienne. A l'encontre de celui-ci, dont l'orgueil faisait mentir la bonté, Samain viendra, par la voie du doute, à la mansuétude évangélique ; son cœur s'emplira d'une immense indulgence, d'une facilité de pardon dont il lui arrivera de s'effrayer lui-même. Sa morale se résume en la soumission au vouloir de la Nécessité qui dirige les choses. « La fatalité scientifique, écrivait-il un jour,... me semble bien plus terrible que l'autre. Il y a d'ailleurs longtemps que le mythe du péché originel, dressé au seuil de l'humanité, clame cette désespérance à la terre ». Ainsi cette semence chrétienne de la compassion et du pardon s'allie à son paganisme, qui sera un paganisme original et de rare espèce, formé d'une idée platonicienne et du culte panthéistique de l'univers.

Ni croyant ni impie, en somme, il apparaît plutôt purement païen : mais son paganisme est une sorte de religion de la beauté, où viennent se fondre les plus tendres nuances du sentiment évangélique. Sa compréhension d'artiste demeure en lui la faculté dominante. Il a parfois comme une fatigue de penser. Et cette lassitude même du philosophe prête à l'œuvre du poète un charme poignant.

Pareil à son Clydès, à ce jeune berger trop curieux du mystère de la vie, il frissonne devant la Face « dont les yeux vivants donnent la mort » :

Et, pâle, il croit entendre, au sein du calme immense,
Chaque mot proféré par son orgueil mortel
Tomber sans fin au fond du silence éternel.

Il semble que la vie et l'œuvre de Samain soient le symbole des inquiétudes et des aspirations de son temps. Qu'il fut lui-même ce symbole, il ne pouvait le savoir. Nous qui le lisons aux jours de notre vieillesse, nous sommes frappés de cette signification.

Poésies ou contes, sa langue est une musique. Et dans cette musique palpite une passion qui se nourrit de sa propre substance. Il a su rendre avec des mots ce qui ne s'exprime point, donner une matière aux sensations les plus subtiles, les plus fugitives ; aux choses vulgaires il prête une qualité d'art par le contraste de ce que son âme y verse ou ses yeux y découvrent de beauté.

L'œuvre de Samain est comme l'adieu poétique du siècle qui finit, avec sa volupté ardente et non satisfaite, sa mélancolie des soirs mourants, sa grâce recherchée ou son âpre ennui, avec sa faiblesse dans la force et cet alanguissement des sens où semblent défaillir, avant la venue d'un âge nouveau, les énergies et les volontés (1).

Sans méconnaître la haute valeur d'écrivains tels que Quinet et Guyau, nous n'avons pas cru devoir les classer dans nos Esquisses. Leur œuvre poétique ne les rend pas tout entiers. Nous regrettons d'avoir omis queques poètes — ainsi Laforgue parmi les symbolistes — dont le témoignage eut appuyé utilement notre enquête. Mais notre modeste travail, répétons-le, ne prétend aucunement à être une histoire de la poésie au XIXe siècle.

(1) Voyez Ernest Reynaud, L'expression de l'amour chez les poètes symbolistes, *in Mercure de France* du 1er oct. 1919.

DEUXIÈME PARTIE

APERÇU GÉNÉRAL

I

Le XVIIIe siècle avait été rationaliste jusqu'à l'excès. Non moins qu'au siècle précédent, on avait donné la primauté à l'intelligence. Le positivisme de Comte ne changea rien à cette situation ; le positivisme, du moins, tel qu'il s'imposa avec l'école de Littré ou qu'il fut interprété par les maitres dont l'enseignement prévalut alors.

Peu à peu, vers le dernier quart du XIXe siècle, une direction nouvelle s'accusa dans la philosophie, ou, plus exactement, dans la psychologie, qui tendait déjà à former l'assise des spéculations philosophiques.

La psychologie s'attacha à montrer l'importance des sentiments ; elle attribua le premier rôle à la sensibilité. Une fois engagée dans cette voie, l'empire de la raison se rétrécit même jusqu'à se subordonner, sinon à se soumettre, avec une école devenue puissante aujourd'hui, à la poussée obscure de l'instinct.

Quelque part de vérité que ces doctrines enferment, elles trouvèrent dans la pensée des poètes une réponse originale. Et ce ne fut point la critique subtile des opérations de l'esprit ; ce ne fut point le départ des deux natures de l'homme, de l'intellect et du sentiment, qui intéressa véritablement les artistes et les poètes : mais ils trouvèrent ou crurent trouver dans la nouvelle psychologie une ouverture sur le monde métaphysique ; elle rouvrit devant eux ce palais enchanté de la rêverie et de l'imagination dont le rationalisme avait menacé de leur interdire à jamais l'accès.

Cette psychologie, d'ailleurs, leur instinct d'artiste l'avait pressentie ; ils la reconnurent plutôt qu'ils ne la suivirent ; et ce fut d'un même mouvement que les philosophes et les poètes s'engagèrent, selon les caprices de leur curiosité, dans ces sentiers quelque temps infréquentés.

Les uns, parmi les poètes, rêvèrent bientôt d'une poétique nouvelle qui correspondrait aux besoins de la pensée symbolique et permettrait de s'affranchir de la tyrannie des règles, ou peut-être du sens commun, pour s'élever à une sorte de communion de l'âme humaine avec l'âme des choses. Les autres revinrent simplement au symbolisme religieux, à la discipline du mysticisme chrétien ; ils retrouvèrent, dans la tradition catholique, la beauté de l'art, l'exaltation du génie. Ce fut, pour tous, comme un geste de défense contre cette angoisse du néant et de la mort dont l'accent douloureux marque plus d'une fois la poésie de leurs prédécesseurs.

Le sentiment, est-il besoin de le faire remarquer, a toujours tenu la première place dans la poésie. Il n'est pas jusqu'aux pièces où le poète se réclame de la seule raison qui ne laissent paraître la sensibilité de l'artiste comme le *primum movens* de sa pensée logique.

Cela est particulièrement vrai de la poésie romantique dans toutes les littératures, en Angleterre et en Allemagne comme en France : le romantisme, dirions-nous, a signifié, bien avant la venue des symbolistes, une sorte d'insurrection contre la régence de l'intellectualisme.

Ne croyons point pour cela que la poésie ait devancé le mouvement de la philosophie, ni même qu'elle l'ait préparé ; elle n'a fait que fournir à l'école psychologique moderne une confirmation et un exemple.

Si la psychologie, en effet, a édifié une nouvelle théorie des sentiments, elle ne l'a pu faire qu'en demandant des preuves à cet intellect dont ladite théorie ruinait la toute-puissance. Pour les poètes, au contraire, le sentiment, c'est-à-dire cet ensemble d'impulsions de l'âme, de tendances héritées ou de croyances transmises qui en constituent le fond, substitue le raisonnement proprement dit ; et ces deux procédés diffèrent l'un de l'autre autant que l'œuvre du savant diffère de l'œuvre de l'artiste.

Il suffit de nous représenter en un tableau rapide l'œuvre poétique du XIXe siècle pour rendre plus sensible cette vérité. Ainsi les thèses de Hugo, si nous l'acceptons pour le plus retentissant de nos poètes « penseurs », ne sont guère, à bien voir, que des préjugés du sentiment ; ses idées sont des passions : elles ne se fondent point sur un travail logique, mais sur des aversions et des désirs, sur des ressentiments et des colères. Et ce n'est pas le fait le moins curieux de notre histoire littéraire, que ce poète ait perdu plus qu'aucun autre et paraisse le plus diminué aux yeux des générations présentes, en suite même de son effort à tirer d'émotions ordinaires de voyantes affirmations sociales et religieuses : son œuvre en garde pour nous je ne sais quoi de faux et de forcé qui nous refroidit et nous lasse (1).

*
* *

Romantiques, Parnassiens et Symbolistes : tels sont les groupes principaux en lesquels on classe d'ordinaire nos poètes du XIXe siècle. Ces groupes se fonderaient uniquement, juge-t-on, sur des qualités de métier, sur des différences dans la technique du vers. Ils correspondent encore, si je ne me trompe, à quelque direction de l'esprit et ne sont donc pas sans rapport avec les variations de la pensée philosophique.

Si le romantisme marquait une réaction contre le XVIIIe siècle, il n'en avait pas moins reçu l'ébran-

(1) Voy. Ch. Renouvier, *Victor Hugo le poète*. Paris, Colin, 1893; Léopold Mabilleau *Victor Hugo*. Paris, Hachette, 1893.

lement; il en avait hérité le doute religieux, l'incertitude morale. Les négations tranquilles de leurs devanciers, qui les heurtent, contribuent à faire des poètes nouveaux des révoltés.

Dans les choses sociales, l'ébranlement n'a pas été moins profond : les romantiques restent pourtant les fils de la Révolution, alors même qu'ils la détestent ou qu'ils puisent leur inspiration dans des sentiments que la folie révolutionnaire semblait avoir abolis.

L'art demeure, quoi qu'on fasse, une puissance conservatrice. Et, de cette vérité, en dépit de l'apparence, le romantisme porte témoignage. Il oscille entre une foi positive qui s'éteint et une foi vague qui subsiste sans se préciser. D'autre part, l'extension de l'esprit scientifique aux recherches historiques lui a inspiré une curiosité favorable à cette résurrection des âges anciens où il se complaît. Et c'est à la fois une espérance du lendemain et un regret de ce qui n'est plus, de la religiosité et de l'impiété, de la confiance et du désenchantement, une sorte de désaccord de l'âme et de l'esprit, qui se traduit par des cris, par des malédictions, par la prière ou par le blasphème, par une sérénité que l'on feint ou par une outrance de passion dont on fait montre.

Spiritualisme et déisme, ces deux traits marquent ensemble, plus ou moins fortement, Lamartine, Hugo, Musset, Vigny, Barbier, Gautier lui-même, jusqu'à Baudelaire. La philosophie a pu broder des variations sur le thème chrétien ; ce thème n'en subsiste pas moins à peu près intact. La position d'indifférence religieuse propre au positivisme ne s'accusera qu'avec les Parnassiens et quelques autres successeurs des romantiques.

Les Parnassiens affectent de demeurer impassibles ; ils se défendent de toute passion ou même de toute foi religieuse ; il semblerait que leur intérêt s'arrête à la sonorité des mots ; ils sont les dévots de la forme, les ciseleurs de la poésie. Alors, cependant, que le philosophe conserve sa tranquillité d'âme dans la négation ou l'abstention, le poète éprouve un sentiment d'angoisse dans le naufrage des croyances anciennes : il a parfois comme le vertige du néant, et c'est là l'aboutissement du doute sentimental qui s'est mis à l'école de la critique.

Relisez Leconte de Lisle et Léon Dierx. Comparez encore, dans le camp des romanciers, à la bonne humeur de Dumas le père, au génie robuste de Balzac, le dégoût laborieux de Flaubert, la brutalité repoussante des naturalistes.

Auprès ou à la suite des poètes qui sentirent avec douleur ou avec orgueil le frisson du non-être, il en fut d'autres qui s'accommodèrent du doute comme d'une solution ou qui se consolèrent à philosopher : tel Sully Prudhomme à l'exemple de Sainte-Beuve. D'autres restèrent des croyants, comme Laprade, ou retournèrent au catholicisme, comme Coppée. D'autres trouvèrent un apaisement à se baigner dans les vieilles légendes : et c'est une douceur du regret avec Brizeux, avec Hégésippe Moreau, avec Vicaire. D'autres enfin, reprenant une voie qui n'a jamais été désertée, retourneront, avec Samain, au paganisme poétique de Chénier.

A peine quelques-uns, et Jean Lahor est de ceux-là avec Leconte de Lisle, ont-ils acquis une connaissance directe des philosophies de l'Inde ou de la métaphysique allemande. Leur pessimisme n'est pas le laborieux pessimisme de doctrine d'un Schopenhauer, d'un Hartmann, d'un Bahnsen ou d'un Mainländer ; c'est le même pessimisme de sentiment dont la plupart des grands chantres de l'humanité nous ont fait entendre, à leur heure, l'accent tragique ou profond.

De cet accent nous retrouvons quelques notes dans Bouilhet, dans Soulary. Comment ne pas reconnaître aussi le « Dieu sensible au cœur » de Pascal dans ce cri de Rodenbach : « C'est par le cœur qu'on apprend Dieu ! » Parole reprise par l'apologétique moderne, qui enferme déjà les « postulats » de Kant, ou qui, du moins, en donne le sens avec éloquence.

C'est une sorte de marche, coupée de retours et de détours, qui mène du doute uni à la foi au doute cru et bientôt acerbe, puis à la négation et à l'indifférence (1). C'est un conflit d'aspirations et de volontés contradictoires, et l'œuvre des poètes nous laisse voir, dans ces batailles de notre pensée philosophique, la trace du lent travail qui a troublé ou transformé la société humaine depuis quatre siècles.

*
* *

Le mot de « naturalisme », qui venait tout à

(1) Ainsi Richepin, non moins virtuose que poète, dont l'œuvre ne nous semble pas avoir, du point de vue où nous sommes, la portée de l'œuvre de Samain.

l'heure sous notre plume, dénonçait la soumission de l'école littéraire qui s'en para aux étroits fervents d'un matérialisme scientifique aujourd'hui passé de mode. Le mot de « symbolisme » s'oppose en quelque manière à celui-là, et c'est à une direction différente de l'esprit de raisonnement que se rattachera cette nouvelle poussée de l'âme poétique.

Le symbolisme n'offre au premier regard, en ses divers groupes, qu'une réforme prosodique, une réforme des moyens d'expression ; réforme qui s'étend néanmoins jusqu'à signifier le mode de retentissement de toute connaissance et de toute émotion dans l'âme du poète.

L'âme de chaque poète garde, d'ailleurs, sa note particulière. Sa croyance n'est pas forcément intéressée par le symbolisme, et ce sont des figures bien distinctes que celles des tenants assez nombreux de cette école.

A vrai dire, leur poétique reste flottante : elle s'évanouit à mesure qu'on s'efforce à la préciser : elle marque une tendance, et ne réussit pas à être une doctrine. Il se pourrait, malgré tout, que ce mouvement symboliste si désordonné, si diffus, s'apparentât encore par quelque lien caché à la domination de l'esprit scientifique, qu'il se présentât comme une sorte de choc en retour de la méthode des sciences, tout inégale que soit la valeur des procédés ; et ce rapprochement, qu'on croirait d'abord paradoxal, enferme pourtant une part de vérité.

Le propre de la métaphore, et de toute comparaison poétique, est de rapprocher des séries de faits, qui sembleraient n'avoir rien de commun ensemble, non point par un lien de cause à effet, selon la méthode des sciences, mais par un lien affectif, quelle que soit la nature des faits groupés par l'image. Le symbolisme n'est qu'une extension de ce procédé ; le poète symboliste vise à faire passer dans le mot, dans une certaine disposition des mots ou dans le choix des figures, une signification affective ou métaphysique ; le rapport qui le frappe et qu'il veut rendre s'établirait entre un état subjectif, personnel, et un fait extérieur qui le traduirait de quelque façon plus ou moins mystérieuse.

Si l'on veut bien remarquer que les signes et les symboles reviennent, dans tous les cas possibles, à la traduction d'un fait en termes d'un autre fait, il apparaîtra clairement que le symbolisme, comme les poètes l'entendent, n'est pas si radicalement différent qu'on le croirait d'abord du symbolisme scientifique, qu'il n'en diffère que par la nature de l'analogie invoquée ; qu'il est, en un mot, un simple état d'un procédé de l'esprit qui est aussi celui des hommes de science.

Toute la symbolisation mythologique, — à laquelle vient se rattacher la science primitive, dès qu'elle remonte à quelque cause animée ou personnelle des phénomènes, — nous offrirait le passage du mode poétique au mode scientifique, et comme l'intermédiaire des deux types que revêt le symbolisme, ou, si l'on préfère, l'imagination symbolique.

La séduction des recherches de la psychologie, qui ouvraient un jour sur les mystères de l'âme, devait conduire les poètes à élargir le procédé de figuration qui leur est spontané ; elle inspira à quelques-uns l'ambition d'exprimer par ce moyen un « système de connaissances » nouveau, d'atteindre ainsi à une signification qui ne serait pas inférieure à celle du symbolisme scientifique, qui la dépasserait plutôt et nous donnerait enfin la plus haute révélation où le génie humain puisse s'élever.

Ambition extrême, si l'on en juge surtout par les résultats, mais qui s'accuse, quoique assez confusément, dans les théories formulées par les poètes eux-mêmes.

Transfiguration artistique, écrit Mallarmé, d'un état d'âme complet ; au-dessus des insuffisances, des banalités, des à peu près de la prose, au-dessus de la brutale netteté du verbe, pour faire de la poésie un langage d'essence surhumaine.

Rythme fourni au poète, déclare Verhaeren, par un ébranlement intérieur, une dynamique spéciale, hors de toute règle consacrée : « Le but immédiat du poète est de s'exprimer ; le but médiat, d'atteindre le beau ».

« Humanisme », avec Fernand Gregh. Synthèse, « suggérer tout l'homme par tout l'art », avec Charles Morice. Synthèse qui devient syncrèse, pour Adolphe Lacuzon : « intégralisme ».

Suggestion progressive, nous dira Francis Vielé-Griffin, à laquelle s'ajouterait le prestige d'une harmonie, dans la conduite du poème et la sériation des images, aussi bien que dans la plénitude et l'enchaînement mesuré des sons. Triple courant, subconscient, activité mentale, continu, devant prêter à la poésie une importance capitale et universelle.

Avec René Ghil, s'annonce l'exécution d'une œuvre copieuse, qui serait une « unité », non pas un recueil : genèse transformiste ; l'Être humain en tant qu'individu ; puis, reprenant le processus vital à travers l'embryogénie, synthèse des expériences de l'homme...

Au symbolisme proprement dit a succédé une « renaissance idéo-réaliste ». A la réforme qui semblait ne toucher que la façon s'ajoute une réforme qui prétend à changer l'étoffe. La théorie scientifique en faveur, ou, si l'on veut, l'illusion philosophique, se glisse dans le cerveau des derniers poètes : Nietzsche, Tolstoï, y voisinent avec Pasteur. La poésie finirait à une sorte de *De naturâ rerum*, transcrit cette fois en émotion psychologique.

Les premiers symbolistes, il est vrai, ne viennent pas jusque-là. Plusieurs même font défection en route. Tel Verlaine, qui sacrifie ses formules à l'émotion immédiate et naïve de son cœur. Tels Henri de Régnier, qu'on vit s'éloigner peu à peu de Mallarmé pour se rapprocher de Hérédia et des Parnassiens; Jean Moréas, qui renia ses premières œuvres et finit par dire, après avoir traversé le décadentisme, le symbolisme, le romanisme : « C'est dans Racine que nous devons chercher et les règles du vers et le reste ».

Le besoin de faire du nouveau a suscité, en tous temps, des changements dans la poétique. A ce besoin qui pousse chaque jeune génération à se distinguer en quelque manière de celle qui la précéda, s'est jointe chez quelques novateurs cette ambition extraordinaire que nous avons dite. Rien ne saurait modifier, toutefois, les conditions essentielles de l'art, et beaucoup paraissent l'avoir oublié, soit qu'ils aient fait bon marché de la métrique sous le vain prétexte de la perfectionner, soit qu'ils aient employé leur imagination symbolique à produire une sorte de dogmatisme qui s'exprimerait en langage de poète. Leurs vers arrivaient à une façon de prose obscure et raboteuse, quand leur symbolisme tournait à une caricature du procédé intellectuel.

Quelle distance de ce symbolisme à celui d'Alfred de Vigny dans son *Eloa* ; ou, tout récemment, d'Iwan Gilkin dans son *Prométhée !*

Nous n'avons point, avec les vrais poètes, le symbole assez puéril que l'on chercherait, à l'exclusion du sens, dans le son ou dans la couleur du mot, et qui n'est tel que pour son inventeur, mais le symbole plus large, le symbole éternel des grands artistes, ceux qui découvrent dans les choses le sens supérieur de la vie, ceux qui perçoivent au plus profond de leur être les correspondances secrètes ou les contradictions douloureuses de l'homme et de la nature. C'est affaire de tact et de mesure que d'arrêter le symbole au degré où il risque de s'évanouir, de le chercher dans la région des idées et des faits où il est possible de le saisir et de le laisser entendre (1).

*
* *

Individualité, d'une part, et d'autre part influence de la pensée sociale, ces deux faits s'accompagnent nécessairement, sans se confondre. Tradition, évolution : il ne faut pas voir non plus, sous ces mots, deux forces contraires. L'évolution, c'est la tradition interprétée par un artiste nouveau ; c'est une autre expression de la beauté, une expression personnelle, relevant directement de la psychologie du poète. Quelque rôle efficace qu'on

(1) Voyez quelques passages de mon article, *Signes et symboles*, in *Revue Philosophique*, janvier 1913.

accorde aux influences du milieu, la force d'évolution reste chose interne, qui appartient au génie propre de l'écrivain.

Voyez nos poètes de la période romantique. Ce qui leur vient du milieu, c'est le ton général de leur pensée, les thèmes religieux ou sociaux sur lesquels s'exercera l'esprit poétique, les sentiments éveillés par la tourmente révolutionnaire et par l'épopée napoléonienne, un patriotisme inquiet et jaloux qui n'exclut point les rêves de paix légués par le siècle précédent avec nombre d'idées que le romantisme recueillit et accommoda à sa façon.

Où s'accuse, au contraire, la personnalité de chacun, c'est dans la manière de traiter ces thèmes, c'est dans la réaction particulière de la sensibilité, dans la proportion où les états affectifs s'allient, dans le poète, aux caractères intellectuels.

Il serait excessif de prétendre que les romantiques ont créé de toutes pièces la poésie lyrique en France. Ils l'ont fait prédominer, ils l'ont renouvelée, enrichie, portée à la perfection. On se rappelait Villon, Ronsard. Gilbert, Malfilâtre étaient d'hier. André Chénier entrait dans la gloire. La tendance était marquée : elle prit plus de force par l'individualisme très accusé des générations nouvelles, par la toute-puissance que l'on commençait d'accorder à la passion, par l'intérêt qui s'attachait à la nature, par l'esprit critique, enfin, qui agit alors comme un excitant sur le cerveau des poètes, des romanciers et des dramaturges.

Quoi qu'ils aient reçu de leurs devanciers, ce qui reste bien à nos poètes romantiques, et particulier à chacun d'eux, c'est l'invention ou le choix de leurs rythmes et l'âme qui les vivifie. On ne conçoit guère Lamartine écrivant le *Mardoche* ou la *Namouna* de Musset, ou Musset l'*Ode à la Colonne* de Hugo. Alors même que l'inspiration est plus voisine, personne n'attribuerait à Hugo *les Vieux de la Vieille* de Gautier, à Musset *le Lac* ou *l'Homme* de Lamartine, à celui-ci *les Nuits* ou *l'Espoir en Dieu* de Musset Quelle différence des chansons de ce dernier, que ce soit *Fortunio* ou *Mimi Pinson*, aux pièces analogues de Hugo !

Pour les poètes qui suivirent les romantiques, nous avons montré leur indépendance de pensée. Leur indépendance de facture n'est pas moindre. Les uns ont tenté de revenir à l'assonance. D'autres ont essayé de coupes originales, sinon étranges (1). L'artiste n'a rencontré d'autre obstacle à ses innovations que les lois mêmes de la mesure propre à son art.

Poètes de toute école, Romantiques et Jeunes-France, Parnassiens, décadents et symbolistes, ils appartiennent tous, sans conteste, à leur pays ; ils ont derrière eux une grande littérature et ne sauraient se séparer complètement de leur tradition. Mais ils ne sont pas les mêmes hommes que ceux d'hier ; cette tradition, ils l'interprètent avec liberté ; cette langue qu'ils ont reçue, chacun d'eux, on l'a pu dire, l'invente à nouveau en la parlant.

A considérer de près la longue suite de la poésie, on reconnaît que tout flue, tout évolue et change sans cesse. D'où la difficulté d'une prévision quelque peu sûre sur les caractères qu'elle aura demain, l'action sociale et la fantaisie du poète étant des éléments indéterminables.

(1) Richepin a employé, non sans succès, les vers de 9 et de 11. Ces vers ont été négligés, parce qu'ils sont moins flexibles et ne souffrent guère, semble-t-il, que la répétition d'une même mesure. Voy. *Mémoire et imagination*, 1re partie, chap. 1er; et *Valeurs d'art* in *Rev. Philos.*, mars 1914.

II

« C'était l'époque de l'Empire, écrivait Lamartine en 1824 (1), c'était l'heure de l'incarnation de la philosophie matérialiste du XVIIIe siècle dans le gouvernement et dans les mœurs. Tous ces hommes géométriques qui seuls avaient alors la parole et qui nous écrasaient, nous autres jeunes hommes, sous l'insolente tyrannie de leur triomphe, croyaient avoir desséché pour toujours en nous ce qu'ils étaient parvenus, en effet, à flétrir et à tuer en eux, toute la partie morale, divine, mélodieuse, de la pensée humaine. Rien ne peut peindre, à ceux qui ne l'ont pas subie, l'orgueilleuse stérilité de cette époque. Ces hommes avaient le même sentiment de triomphante impuissance dans le cœur et sur les lèvres, quand ils nous disaient : « Amour, philosophie, religion, enthousiasme, liberté, poésie ; néant que tout cela ! Calcul et force, chiffre et sabre, tout est là. Nous ne croyons que ce qui prouve, nous ne sentons que ce qui touche ; la poésie est morte avec

(1) *Les destinées de la poésie*, in *Premières Méditations*.

le spiritualisme dont elle était née »... Les mathématiques étaient les chaînes de la pensée humaine. Je respire ; elles sont brisées ! »

Les voici, ces chaînes, forgées à nouveau (1). Hier encore, elles pesaient sur l'Europe entière, jusqu'à l'étouffer.

Quelle place sera réservée à l'art, à la poésie, après cette effroyable tourmente dont nos peuples ont souffert jusqu'au martyre ? Quelle génération d'artistes lèverait sur notre sol, comparable à celle dont Lamartine saluait la venue et consacrait la victoire ?

Notre âge classique avait marqué comme un temps d'arrêt entre deux tempêtes. Il put sembler que le ciel fût purgé de ses nuages et que la paix morale régnât dans les cœurs. Ce ne fut qu'un rapide moment entre le XVIe siècle qui avait commencé les batailles religieuses et le XVIIIe qui les continua. Mais ce dernier les reprit avec d'autres armes, et ce fut un âge infertile pour la grande poésie, à la fois par l'épuisement des modèles sur lesquels on se réglait et par la sécheresse du

(1) Nous ne l'entendons pas, d'ailleurs, comme Lamartine, et ce n'est point de « mathématiques » qu'il s'agit.

rationalisme qui prévalut alors dans les cerveaux (1).

Quand se leva la jeune génération qui tenta de briser les liens d'une philosophie trop courte, elle ne le fit point avec le secours de l'ancienne croyance; ou plutôt, elle ne se reposa point sur des certitudes et ne retrouva pas l'appui de convictions bien assurées : elle réagit contre ce qui la blessait, sans réussir à se libérer du doute religieux ou philosophique, et cette situation la fit justement être ce qu'elle fut. Le conflit où la pensée se déchirait prêta à toute la poésie du XIXe siècle un accent plus émouvant; les âmes avaient été remuées si profondément que la trace en apparaît jusque dans les poètes qui semblèrent demeurer étrangers aux ardeurs de la dispute ou qui n'eurent point la puissance de s'y engager avec leur propre inspiration.

En vain quelques-uns cherchèrent-ils bientôt une nouvelle assurance dans la philosophie scientifique qui prétendit alors à gouverner les

(1) Des réserves seraient à faire sur ce point ; mais il n'est question ici que du courant général de la pensée. — De même, nous n'oublions pas la douloureuse histoire des religieux de Port-Royal qui assombrit le XVIIe siècle.

esprits et les consciences. Ceux-ci même, parce qu'ils étaient poètes, ressentirent avec plus d'âpreté la soif ou la crainte irraisonnée du non-être ; leurs efforts pour se tenir dans un doute tranquille prenaient un caractère pathétique jusques dans l'acceptation courageuse d'un *credo* de négations où d'autres ne trouvaient que des motifs de désespérance.

Il en fut ainsi jusqu'à ces essais d'une métaphysique symboliste où la poésie devait trouver une inspiration nouvelle : la fièvre du doute philosophique leur demeurait attachée ; et tel est, pour le redire, le trait commun qui persista sous les dissemblances des poétiques, des aspirations et des pensées. Mais le doute, désormais, s'attachait moins aux « révélations » particulières qu'à la croyance même en un Dieu souverain, en une Conscience de l'Univers, et c'est là un événement considérable dans l'histoire des disputes religieuses (1).

On put voir encore, dans le même temps,

(1) Telle fut déjà la position de Descartes, par exemple, dans ses *Méditations sur l'existence de Dieu*, à quoi s'attachait son intérêt.

s'accuser davantage, à chaque jour, le retrait de nos poètes sur leur *moi* intérieur.

Alors que les Romantiques, nés en pleine tragédie, gardaient encore l'ébranlement des événements politiques, les Parnassiens et les symbolistes ne songèrent qu'à se dégager des intérêts de l'heure présente. Tous, d'ailleurs, à quelque objet que leur passion s'attachât, ils aspiraient à retrouver l'expression de ce qui dure dans ce qui passe, à recomposer à leur façon ce monde idéal où la fantaisie de l'artiste se jouerait au-dessus des agitations passagères des individus.

Quelle sera la poétique, quelle sera aussi la philosophie des poètes de demain? Il ne nous appartient pas de le préjuger. Si nous avions étendu notre étude à la poésie dramatique, nous aurions dû signaler pourtant des essais où la moralité de la scène ne se conforme plus à la moralité traditionnelle, où le poète n'a plus souci des compensations morales de la tragédie ancienne, mais s'efforce au contraire à replacer l'homme, avec ses passions et ses désirs, en présence des fatalités naturelles, à ramener, pour ainsi dire, l'animal humain aux conditions primitives de la vie, à l'abandonner au jeu de ses instincts, à l'encontre des règles ou des conventions sociales actuelles.

Nous aurions là, dans cette transformation de la morale du drame, le contre-coup le plus frappant des disputes de la philosophie. La technique même de l'œuvre scénique tendait, tout à la fois, à se modifier, et le théâtre moderne nous en eut offert quelques exemples dignes d'être retenus (1).

Un fait presque constant dans l'histoire est le retour de situations analogues dans le passage d'un siècle à un autre siècle. Une même loi d'action et de réaction ramène des états qui restent comparables ensemble sous des traits particuliers. Fatigués d'une certaine attitude philosophique, les hommes se jettent à l'attitude contraire. Les esprits supérieurs, du moins, tendent sans relâche à une conception du monde où seraient enfin conciliés les besoins du sentiment avec les nécessités de la raison, la rêverie de l'artiste avec la rigueur du savant. A chacune de ces oscillations,

(1) Sans parler des essais assez grossiers du Théâtre naturaliste, nous aurions à citer la curieuse pièce de Saint-Georges de Bouhélier, *Le Carnaval des Enfants*, une pièce qui échappe aux règles de la critique ordinaire, mais qui commande l'attention par son caractère si franchement poétique.

on peut présumer que la philosophie a progressé de quelque manière, en même temps que la science gagnait plus d'étendue, et ce double gain ne nous paraît pas discutable à l'heure présente.

A l'égard des destinées de la poésie, la question se complique aussitôt d'un élément qui échappe à nos prises : l'apparition des artistes de génie. Il n'est pas interdit de raisonner des conditions de leur venue ; mais c'est là un problème spécial qui demeure en dehors de notre étude. Si quelque nouvelle école se prépare, nous n'en voyons pas clairement les signes, et les glorieux précurseurs n'ont point paru.

TABLE DES MATIÈRES

DEUXIÈME PARTIE

HERCKENRATH (C. R. C.). **Problèmes d'esthétique et de morale.** 1 vol. in-16 . . . . 2 fr. 50

HIRTH (G.). **Physiologie de l'art.** Trad. et introd. par L. ARRÉAT. 1 vol. in-8 . . . . 5 fr.

LALO (Ch.), docteur ès lettres. **Esthétique musicale scientifique.** 1 vol in-8 . . . . 5 fr.

— **L'esthétique expérimentale contemporaine.** in-8 . 3 fr. 75

— **Les sentiments esthétiques.** 1 vol. in-8. . . . . 5 fr.

LOMBROSO (César). **L'homme de génie.** 4e édit 1 vol. in 8, avec planches . . . . 10 fr.

MARLIAVE (de). **Etudes musicales.** 1 vol. in 16 . . 3 fr. 50

NORDAU (Max). **Psycho-physiologie du génie et du talent.** Traduit par A. DIETRICH. 4e édit. 1 vol. in-16 . . . 2 fr. 50

PAULHAN (Fr.), correspondant de l'Institut. **Le mensonge de l'art.** 1 vol. in-8 . . . . 5 fr.

— **Psychologie de l'invention.** 1 vol. in-16 . . . . 2 fr. 50

— **L'esthétique du paysage.** 1 vol. in-16, avec 14 pl. 2 fr. 50

PÉLADAN. **La philosophie de Léonard de Vinci.** 1 vol. in-16. 2 fr. 50

PERÈS (Jean), professeur au lycée de Caen. **L'art et le réel.** 1 vol. in-8 . . . . 3 fr. 75

PIDERIT. **La mimique et la physiognomonie.** Traduit de l'allemand par M. GIROT. 1 vol. in-8 . . . . 5 fr.

PIERQUIN (Hubert). — **Les lettres, les sciences, les arts, la philosophie et la religion des Anglo-Saxons.** 1 vol. in-8. 3 fr.

PRAT (Louis), docteur ès lettres. **L'art et la beauté** 1 vol. in-8. 5 fr.

RIBOT (Th.), de l'Institut. **Essai sur l'imagination créatrice.** 5e édit. 1 vol. in-8 . . . . 5 fr.

ROUCHÈS (G.), bibliothécaire à l'école des Beaux-Arts, docteur ès lettres. **La peinture bolonaise à la fin du XVIe siècle (1575-1619).** *Les Carrache.* 1 fort. vol. in-8, avec 16 planches hors texte. . . . . 7 fr. 50

ROUSSEL-DESPIERRES (Fr.) **L'idéal esthétique.** in-16. 2 fr. 50

— *Hors du scepticisme.* **Liberté et beauté.** 1 vol. in-8. 7 fr. 50

SÉAILLES (G.), professeur à la Sorbonne. **Essai sur le génie dans l'art.** 2e édition, 1 vol. in-8. . . . . 5 fr.

SOURIAU (Paul), professeur à l'Université de Nancy. **La beauté rationnelle.** 1 vol. in-8. . . . . 10 fr.

— **La suggestion dans l'art.** 2e édit. 1 vol. in-8 . . . . 5 fr.

STAPFER (P.), professeur honoraire à l'Université de Bordeaux. **Questions esthétiques et religieuses.** 1 vol. in-8 . 3 fr. 75

UDINE (Jean d'). **L'art et le geste.** 1 vol. in-8. . . . 5 fr.

WAYNBAUM (Dr I.). **La physionomie humaine.** 1 vol. in-8. 5 fr.

LAVAL. — IMPRIMERIE L. BARNÉOUD ET Cie.

www.ingramcontent.com/pod-product-compliance
Ingram Content Group UK Ltd.
Pitfield, Milton Keynes, MK11 3LW, UK
UKHW020957230726
13923UKWH00007B/498

9 782329 062457